YOUTHQUAKE
4.0

A Whole Generation
and The New Industrial
Revolution

by Rocky Scopelliti

新世代影響力

年輕人如何成為引領未來趨勢、
改變社會運作的力量？

洛基‧史考佩利提——著　　翁尚均——譯

目錄

▋前言

　　我們生活在加速變化的時代。雖然變化這一現象本身對我們來說不一定是新的，但是今天，轉型的頻率、速度和影響是前所未見的。現在是停下來思考以下這個問題最重要的時刻（比歷史上任何時刻都重要）：**我們如何提高能力以適應這個加速變化的世界？**

　　為了回答這個問題，我們將會在預期面臨的環境中探討人口變化現象。這是我們在本書中將探究的問題。

　　我們知道人口年齡正在老化，而且預期壽命每 10 年便穩步增加 2 至 3 歲。位在年齡光譜另一端的千禧世代（18 至 34 歲）現在已成為地球上最大的人口群體，占了人口總數的三分之一（21 億）。[1] 他們可能是第一代有 50% 機會活到 100 歲的人。[2] 這意味著他們也可能會看到四代家庭的出現，因此我們對於家庭結構的概念將發生深刻變化，和從前的概念大不相同。從現在起，他們在社會中所占的比重——無論是職場（政府或是機構）的企業領袖或政策制定者，還是促成心靈、學術、科學或技術方面進步的人——只會不斷增加。千禧世代是本書從頭至尾將回答的問題以及處理的主題。

　　「千禧世代」這個字眼是人口統計學家尼爾·郝（Neil Howe）和威廉·史特勞斯（William Strauss）新創出來的，

不過這個人口統計上的、出生於 1981 至 2000 年間的群體通常也被稱為「Y 世代」。社會學的研究人員以前就曾為 1965 至 1980 年間出生的人貼上「X 世代」的標籤，而稱出生於 1946 至 1964 年間的人為「嬰兒潮世代」（後者大部分便是千禧世代的父母）。

千禧世代已經意識到自己將有可能享有百歲壽命，並且據此開始規劃自己的生活。

從環境的角度來看，雖然世界的都市地區僅占地球面積的 2%，但卻集中了地球總人口的 55%。[3] 根據聯合國的預測，到了 2050 年，都市居民更將占全球總人口的 86%。[4] 我們真要變成「都市人」（homo urbanis）了。

隨著商業和我們的生活越來越與數位連結，這些都市也將變得更加智能取向。截至目前為止，那些互相連接的設備、感測器和系統已經產出迄今為止產出之數據總量的 90%。[5] 然而，許多分析師預測，到了 2020 年，被串聯起來的物件將有 2,000 億個，亦即每個活人平均分得大約 26 個智能物件。[6] 試想一下這將產出何種數據，還有這些數據到 2020 年時可以促成哪些新服務和新業務的興起？

數據已成為 21 世紀的能量，源源不絕地從都市化裡產生，而且越來越多。

智能正變得可以預測並以人為方式加以發展。生活型態的進程和服務正在被自動化。隨著生物技術的創新與基因工程的進步，醫療保健的品質和預期壽命正在提高。生

命、財產和個人隱私的主要威脅現在也以數位的方式被工業化而且沒有止境。當各種工業、組織和生態系統在為 21 世紀重新調整的時候，它們也正以可觀的速度再生或是消失。

生活變得難以預測，當我們過渡到想像經濟（imagination economy），不確定性已成為新的常態。[7]

人口因素所導致的行為變化與第四次工業革命的新興技術正聯手影響全球經濟的每個行業與每個部分。第四次工業革命以第三次科技革命為基礎，其特點是實體、數位和生物等領域之科技的提升。[8]

整體而言，此種聯手會產生快速的倍增效應，這就是為什麼這本書要稱為《新世代影響力》的原因了。這種效應的作用正在挑戰我們「時間如何被建構」、「創新如何被追求」的觀念，此外它也告訴我們以下的觀念：生產、分配和規模的傳統模式是如何越來越快地與稀有資源的成長以及供應脫鉤。

以下這段歷史值得我們回顧一下：第一次工業革命發生在 18 至 19 世紀，當時以農業活動為主的社會開始工業化和都市化。蒸汽機和紡織工業的發展是這場革命發展的核心。第二次工業革命發生在 1870 至 1914 年間。這個時代見證了鋼鐵、石油和電力等的崛起，為組裝提供了動力並創造大規模的生產。其主要的技術進步表現在通訊、照明、留聲機和內燃機等領域中。1980 年代的第三次工業革

命在從類比到數位技術、機械設備和自動化的方面取得了長足的進步。這一時期出現了個人電腦、網際網路和資訊通訊技術，包括無線技術在內，這就是為什麼這次革命也被稱為數位革命。

　　雖然我們對於未來所抱有的傳統線性觀點、我們用於預測和營運商業的模式和方法以及相關的舊式技術可能在第一次、第二次和一部分第三次工業革命之中發揮很好的作用，但是它們於第四次工業革命中在社會未來需求、價值創造、市場行為以及經濟表現或是存續等方面卻是不充分和不可靠的預測指標。

歡迎加入「青年震盪」——牛津字典 2017 年的年度單詞

　　「青年震盪」被定義為「由年輕人的行為或影響力所引起的重大文化、政治或社會變革」。[9] 這不是一個新名詞。「青年震盪」一詞是《時尚》（*Vogue*）雜誌的主編戴安娜‧弗里蘭（Diana Vreeland）於 1965 年首次用來描述新一代年輕人（我們現在稱為「嬰兒潮世代」）在倫敦街頭的文化運動。[10] 弗里蘭在她那篇標題為〈青年震盪〉的文章中寫道：

　　青年世代正懷著一份平靜的自信心進襲東西方的國家。首先受到這股進襲浪潮衝擊的英國和法國已經將此種

新的躍進視為當今一項令人振奮的生活現實。一股生氣勃勃的震動現在同樣橫掃美國，它實際上可說塑造了本世紀典型的青年世代。

諷刺的是，50 年後的「重生」（renaissance）一詞卻被用來描述嬰兒潮世代的子女，亦即千禧世代。其實，第一個對千禧世代發揮最強大影響力的是他們的父母，這點我們不該感到驚訝才是。對於嬰兒潮世代而言，青年震盪已在斯科特・麥肯齊（Scott McKenzie）1967 年熱門抒情歌曲〈舊金山〉的歌詞「如果你到舊金山，記得在頭上插幾朵花……整個世代自有新的詮釋，人們正在改變」[11] 中獲到了很好的體現。這首在英國排行榜曾名列第一的歌曲精準抓住了 1960 年代世人的精神狀態（渴望文化、政治和社會的重大變革）。

他們是否為不尋常的一代？具爭議性的一代？令人費解的一代？專注自我的一代？被賦予權利卻忘恩負義的一代？歷史上有哪個世代在出頭的時候不被貼上這些標籤的？正如喬治・歐威爾（George Orwell）所闡述的那樣：「每一代人都認為自己比先前的那一代更聰明，又比隨後的那一代更明智。」

或者千禧世代只是像他們嬰兒潮世代的父母一樣，從他們生長的環境中建構自己關於社會、文化和經濟的信念？例如，一般認為千禧世代缺乏忠誠度其實反映了他們探索

生活中眾多選擇的需求，一種完全可理解的需求？他們對技術的關注是否反映出他們與社會保持連接的願望？對於千禧世代那排山倒海而來的刻板印象以及刻板定型似乎是來自因誤解而產生的以偏概全，因為他們似乎對於如何在當代世界中過活的方式自有明確的想法，並且對於未來存有願景。在他們看來，整個世界就像鄰居。

他們那些主要為嬰兒潮世代的父母具有許多特點，其中一項特別值得我們深思，因為這樣有助於解釋他們對千禧世代的影響。嬰兒潮世代對於未來的看法是受到兩種不同且相互矛盾的影響所形塑的。

首先，嬰兒潮世代是在第二次工業革命之戰後經濟的繁榮中長大的。在這階段，電力被用來實現大規模生產和分工的目標。當時除了嬰兒大量誕生外，製造業、礦業和房地產業也都欣欣向榮。那個年代見證了工人階級開始提升權力。嬰兒潮世代生活在繁榮富裕之中，對於家庭電器、壁掛式電話、家用白色貨品、電視機、汽車和休閒活動產生了無法抑制的渴望，而這些需求也創造了許多新的消費市場。

這個時代開始有許多人移住郊區。新的社區出現，居住地段象徵身分地位以及生活方式。對於嬰兒潮世代來說，生活應該是永無止境追求滿足感的歷程，充滿成功和財富前景的歷程。

但美中不足的是，這種生活完全不具有未來感。

第二個對他們發揮截然不同之強大影響力的是冷戰。他們在「恐怖平衡」（簡稱 MAD）的時代中成長。這是美國和蘇聯大規模儲備核子武器的時代，不僅儲備而已，它還可能派上用場，進而引發第三次世界大戰。嬰兒潮世代便是在這種超級大國的緊張局勢中成長的。

那麼他們是如何調和這些矛盾的影響呢？他們的動機從「延遲滿足」轉變為「即時滿足」（儘管後者經常被視為千禧世代的同義詞）。嬰兒潮世代的口頭禪是「人生苦短，享樂務求及時」。他們在許多事情上都表現得迫不及待（急於結婚、急於升格為人父母、急於攬債上身），而且花錢輕率、不願意做長期規劃。

嬰兒潮世代被他們的父母稱為「唯我獨尊世代」，而通常出生於 1927 至 1945 年間、所謂「沉默世代」的後者對於前者自我放縱、為現在而活的心態感到困惑，也為前者因避孕藥的發明而造成的性解放態度感到困惑。嬰兒潮世代的生活方式是符合這些矛盾影響力的。

正如歷史紀錄所示，嬰兒潮世代幸好不短。1970、80 和 90 年代的事件並沒有延續 60 年代的美好時光。嬰兒潮世代的生活比他們想像中的要艱難許多。

嬰兒潮世代也生活在以種種轉變為特徵的「青年震盪」之中，性別革命即為其中一項，該革命重新塑造了我們對婚姻和離婚的觀點，也重新定義了家庭生活的本質。此外，經濟模式也被重組了，包括階級之間在工作和財富上所進

行的徹底重新分配。這時並出現自大蕭條時代以來沒不曾出現過的高失業率，而且資訊科技革命也開始了。雖然嬰兒潮世代曾經作過 55 歲退休的美夢，但是由於許多國家重新訂定退休年齡，由於缺乏規劃以及全球性的金融危機，他們當中大多數人仍然繼續工作以確保退休後的經濟生活。

另一方面，千禧世代的「青年震盪」與他們父母那一代的「青年震盪」是完全不同的。他們經歷了三個明顯不同的生命階段。第一階段是從青年到成年的轉變。對大多數人來說，這個轉變發生在 17 至 18 歲左右。重要的是，千禧世代受教育的程度是所有世代中最高的。在「經濟合作暨發展組織」（OECD）會員國中，25 至 34 歲的千禧世代中有 42% 擁有高等教育學位，相較之下，他們那些身為嬰兒潮世代的父母中只有 26%，[12] 因此這一階段與其父母的對應階段非常不同。

第二階段一般指從學生生活過渡到職涯的階段，這大致發生在 18 至 25 歲之間。我們看到許多千禧世代的人背負學貸畢業，而這是他們父母那一代不曾經歷的現象。第三階段則通常指從單身生活邁入家庭生活的階段，而處於這階段的千禧世代也與他們那些嬰兒潮世代的父母不同，因為前著維持單身狀態的時間更長。例如，美國的嬰兒潮世代有 48% 在 32 歲時結婚，而千禧世代的對應比例僅為 26%。[13]

雖然與嬰兒潮世代的父母相比，這些階段都被向後延

遲，但是每當這些轉變發生時，他們的需求、期待、經濟價值和對生活的態度也都會從根本上發生變化。那麼，為什麼他們仍繼續被刻板定型，好像他們在全球的範圍內都是一個樣子？這樣沒有意義，對吧？我們必須粉碎「吐司抹酪梨醬」（編按：比喻愛好奢侈享受）的刻板印象，畢竟千禧世代是在與其他幾代人不同的環境中成長的。

千禧世代在從 1980 年代開始的數位革命中成長，機械和類比電子技術已進化為數位電子技術。在資訊科技的環境中，這個世代變成受過高等教育、變化多端、飽受媒體轟炸而且與之緊密相連的一群人。他們正在塑造 21 世紀，並將推動第四次的工業革命。

對於千禧世代來說，他們的聲音和影響力是無遠弗屆的，而且是藉由他們不斷投入的社交媒體來傳遞的。他們的聲音和影響力可以立即傳送到智慧手機上，這在他們看來就像呼吸空氣一樣自然，可以藉由為其提供服務之人工智慧的、個人化的、以平台為基礎的、呈指數成長的模式而被有效率地吸收。我們必須敞開心胸接受他們，而非排斥他們。因為他們渴望被人傾聽，我們必須豎耳傾聽。對這世代的人而言，他們的口號將會是：「我們來這世上是為享受人生，而且還要享受很長時間，所以我們最好關心愛護這個世界。」

就像他們那些觸發**經濟繁榮**的父母一樣，這一世代的人將促成下一次的**科技昌盛**。

也歡迎來到正在強化我們實體、數位和生物系統的第四次工業革命

正如世界經濟論壇創始人兼執行主席克勞斯·施瓦布（Klaus Schwab）所描述的那樣：「我們正處在一場革命的開端，那是一場將從根本上改變我們生活、工作以及人際關係方式的革命。」他還指出：「公司、企業都將面臨持續不斷的達爾文式壓力，因此，『再接再厲』的理念將更加流行。」[14]

這種理念直接點出了即將降臨的問題：在這種環境下，我們如何提高適應能力？最新的證據表明：國家、工業以及公司尚未充分利用當前數位革命所提供的好處，而這種情況可能是釋放第四次工業革命潛力的最大障礙。

這場革命的特點是新興的科技突破，在人工智慧、機器人、物聯網（IoT）、自動駕駛汽車、3D 列印、生物技術、奈米技術、材料科學、能量儲存、區塊鏈和量子計算等領域都具有高度顛覆性（disruptive）的潛在影響。掌握第四次工業革命是 2016 年在瑞士的達沃斯克洛斯特斯舉行之世界經濟論壇年會的主題。根據克勞斯·施瓦布的說法，第四次工業革命在速度、規模和影響力方面都與以往的那三次不同。

它將是一個以新技術為特徵的「網路－實體系統」（cyber-physical system），而這些技術正在強化我們數位、

實體和生物等領域。在本書中，我將論證「互連信賴」（interconnected trust）正是融合這些領域的東西，它需要理念、人們和科技之間關係的典範轉移，因此，這也是此次革命不同於以往的另一個原因。

為什麼要寫這本書呢？

在 2017 年即將結束的這時候，我正為罹患疾病的家人和朋友感到難過。我巴不得這一年快點結束。我偶然得知有人宣布將「青年震盪」一詞訂為 2017 牛津詞典的年度字眼。這個字眼不僅反映了 2017 年的社會思潮、氛圍和關注焦點，而且還被認為具有持久潛力的文化意涵。我的悲傷立即被驅散了，取而代之的是一種抵擋不住的快樂和幸福感受。沒錯，我想這個世界終於明白：**他們**（千禧世代）的時代來臨了，而且這個活力再現的現象是我們每個人都該熱情接納並頌揚的特點。

目睹親人的生命漸漸流逝是件令人心碎的事，但是想像一下生活將會如何卻是重要且又令人愉快的。我生活的目的在於透過思想領袖以及個人經驗介紹「青年震盪」，希望藉此令這世界變得更為美好。身為這個令人驚奇之千禧世代的代言人，牛津字典的事這對我而言正是一樁最好的消息。因此，思考「青年震盪」相關的事便成為我的幸福寄託了。

藉著這一本書，我將解釋這個非凡世代如何掌握第四次工業革命最激動人心的科技進步，並如何影響我們這社會的方方面面，又將如何讓我們的世界變得更加美好。

多年來，我很榮幸能夠研究千禧世代和數位科技如何影響我們這個世界。重要的是，我們如今已經碰上了兩個主要之不可分割的、相互關聯的轉捩點，而在這些轉捩點上，我們在人類和科技適應方面需要注入新思維和領導力。千禧世代人群現已成為地球上最大的人群，也是一個在第四次工業革命中挾著未來世代科技而將重塑人類的全球現象。

不少企業組織經常令我感到驚訝，因為它們自稱是「客戶中心的」、「員工參與的」、「看重持股人意見的」、「投資者至上的」和「科技轉型的」，卻缺乏一種綜合策略，賦予這些客戶、員工、政策制定者、合夥人和投資者一張「臉」的策略。如果那是客戶開發，「好吧，那麼就是行銷領域」，如果那是聘雇，「那麼就是人力資源領域」，如果那是創新，「那麼就是數位或是資訊科技領域」。千禧世代彷彿被視為擁有多重生活似的，但他們是同一群人，他們不像前幾個世代的人那樣將自己的生活劃分為多個區塊，他們希望自己的生活是緊密的一體。

我同樣對領導者在顛覆、創新和轉型方面同時表現出迷戀和焦慮的心態感到好奇，也對於看待這些力量的方式感到好奇（因為它們彷彿與人力資本和人口變化是相互排

斥的）。數位通常被視為資訊科技部門在當代的「描述符號」
（descriptor）。關心的點也許是行銷要做什麼才能吸引客戶、
將東西賣給客戶，也許是哪些操作可以提高生產力或效率，
但其中缺少的是一種整體的觀點和策略，不去探究數位對
於客戶、員工、商務模式、工業生態系統的意義，也不去
探究這對其組織的目的意味著什麼。

顛覆現象的全球化並未顯出弱化的跡象。投資環境充
斥著資本，同時對創業能力產生無法抑制的渴望。全球年
度風險投資資金在 2017 年飆升 50%，對於 11,042 個項目
的投資總額高達 1,640 億美元，其中亞洲占 43%，美國占
44%，歐洲占 11%。[15] 如今，初創企業、創業加速計畫 [i] 和
創新中心已在全球如矽谷、紐約、倫敦、以色列、中國、
雪梨、柏林、新加坡等地方蓬勃發展起來。無論你如何看
待顛覆，其數目都是驚人的。雖然研究表明，年齡並不是
初創企業成功的預測因素，但是千禧世代比他們之前的幾
代人更容易取得資金和資源，也較具有欲望與技能。這從
投資者、企業和政府藉由投資他們的想法和原創所創造出
來的生產力可以看出端倪。

這些力量不是互斥的，而是共生的。

---

i 譯注：創業加速計畫（Accelerator programs），是針對新創公司在固
　定期間內提供早期投資、輔導、訓練課程之公司或機構所提供的
　計畫，並在訓練結束後帶領受培育公司向眾多創投進行簡報，以
　爭取投資機會。

本書旨在解釋千禧世代和第四次工業革命如何共同在未來影響我們思考社會、文化、經濟和技術的方式:「整整一個世代,一場新的工業革命,兩者都處於動態之中。」我將利用世界領先機構和思想領袖的研究來分析這兩個不可分割之全球力量的匯合,以便為全球挑戰、經濟、社會、技術和創新提供見解。本書將改變你對這個神奇世代及其日益增長之影響力的看法。本書將引發讀者的興奮,因為他們將藉此瞭解在第四次工業革命中迎接我們的那些不可思議的創新以及它為公民、社會和企業所帶來的眾多機會。

如果有個人、領導者或是政策制定者希望掌握千禧世代思維與第四次工業革命之新興技術間的交互作用,以便發展具體的適應或轉型策略,進而尋求機會,那麼本書就是為他們而寫的。重要的是,我希望本書的見解可以激勵各位重新思考在調整自己機構組織的免疫系統中可以發揮的作用,因為這些機構組織今天可能還在抵制變革。對於個人而言,追求更美好的世界可能變成你們最有價值的一項生活經歷。對於有效自我重塑的機構組織而言,它們將成為未來領導力、技能、創業能力、企業社會責任、創新和由此產生之種種好處的受益者。

SECTION 1

歡迎來到青年震盪

1

人口影響

千禧世代未享權利，但被賦能

任何國家的未來遠景都可以透過其青年的當前狀況來直接衡量。

——約翰・甘迺迪（John F. Kennedy）｜美國第 35 任總統

我相信大多數人都記得世界發生重大事件時自己身在何處。對我來說，2016 年 6 月 24 日是我會永遠記得的日子。我和家人從雪梨飛了 22 小時才抵達倫敦，雖然有點疲倦，但仍渴望體驗歐洲三週假期的第一站。我很高興目睹我孩子第一次的英國經典體驗，也就是搭上希思羅機場的黑色計程車。在此之前，我已經向孩子提過這種很受讚揚的交通工具及其司機受過的廣博訓練，因此他們對此都抱持相當高的期待。

　　我說：「到考文垂花園，謝謝司機，」接著又說：「這是孩子們第一次來歐洲旅行，我敢說他們一定很想知道接下來一個禮拜倫敦有什麼新鮮事。」司機失望地回答說：「我們不再是歐洲的一部分了。昨天是英國的脫歐日，接下來會是教人沮喪的一個禮拜。」在驅車前往倫敦的 45 分鐘裡，他告訴我們為何脫歐日將是英國和歐洲歷史上悲慘的一天。司機的評論中最引起我注意的是他對投票結果的失望，因為選前民意調查表明，73% 的年輕人希望留在歐盟。他說：「然而他們沒有出來投票。」他的觀點是，千禧世代沒有參加公投，而假設他們真能投下一票，選舉結果必定完全不同，因為支持脫歐的一邊只是險勝而已。我們下車的時候，女兒對我說：「哎喲，英國的計程車司機還真懂政治，不是嗎？」

　　在倫敦渡過的第一天相當離奇，接下去的那個星期也一樣，正如計程車司機所預測的那樣。時事評論員、公共

汽車司機、政治家、商界領袖和英國公眾都在問：「怎麼
發生這樣的事？這是什麼意思？我們該責備誰還是該感謝
誰？」民意調查顯示，年齡較大的選民傾向退出歐盟，而
年輕選民則傾向留在歐盟。支持「留歐」的人十分絕望，
對於投票結果感到震驚、困惑。一位來自斯塔福德郡的大
學生在接受英國國家廣播公司的新聞採訪時說：「我很生
氣，嬰兒潮世代再度把事情搞砸了。」[16] 我想知道，英國的
世代間是不是產生分歧了？這也是全球性的分歧嗎？

　　讓我們看看世界各地發生的一些非常重要的統計人口
變化，還有，這些變化如何影響社會，以及它們為政治家
和商界領袖所提供的機遇與所造成的政策困境。首先是人
口的老化。人口當中老年人比例的增加可望成為 21 世紀
最重要的一項全球性社會變遷。根據聯合國的調查，[17] 在
2015 至 2030 年間，全世界 60 歲（含）以上的人口預計將
增加 56%，從 9 億 100 萬增加到 14 億。從 2015 至 2050 年，
今天的千禧世代將達到 60 歲，全球老年人口預計將增加 1
倍，達到近 21 億。80 歲（含）以上的人口，即「老中之老」
也正在以更快的速度增長，聯合國預測它將在 2018 至 2050
年間增加將近 3 倍，來到 4 億 3,400 萬人（見圖 1、2 和 3）。

圖 1：2018 年的世界人口

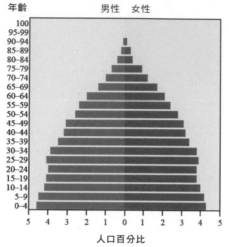

2018年世界人口總數：75億9,717萬5,534人

資料來源：《人口金字塔》（本圖已取得使用授權）

圖 2：2030 年的世界人口

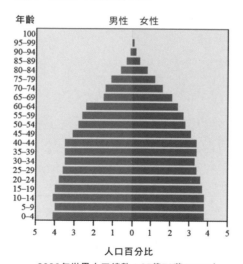

2030年世界人口總數：85億76萬6,052人

資料來源：《人口金字塔》（本圖已取得使用授權）

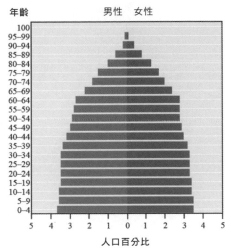

圖 3：2050 年的世界人口

2050年世界人口總數：97億2,514萬7,993人

資料來源：《人口金字塔》（本圖已取得使用授權）

　　首先，這種大規模的老化趨勢對社會幾乎所有的面向
都造成影響，其中包括勞動力市場、金融市場，並且對住
房、交通和社會支持體系與家庭結構及其代間關係等商品
和服務的需求造成衝擊。

　　其次，2015 年是一個在人口統計學上具有里程碑意義
的年份，因為年齡介於 18 至 35 歲之間的千禧世代已經成
為地球上人口最多的年齡層。幾乎每三個人就有一個人是
屬於這個年齡層的，其人口超過了 20 億（見圖 4）。到了
2050 年，他們的歲數將來到 54 至 69 歲之間，並且將在政
府、企業、宗教機構和更廣泛的社會中擔任領導職務。

圖 4：2015 年的世界人口中的世代群

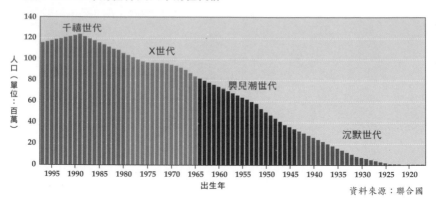

資料來源：聯合國

　　由此可見，千禧世代現已成為社會、政治、經濟、文化和科技發展的領先指標。對於政黨來說，他們的全球性聲音將越來越影響政策方向。對企業而言，他們的價值將影響經濟表現。對於雇主來說，他們技術的熟練程度將會使他們採用新興的顛覆性技術，而這些技術將從根本上以前所未見的速度和規模改變我們的世界。對於社會而言，他們的價值觀和信念將影響我們的文化。

　　那麼，接著讓我們看看千禧世代集中的國別。他們當中的大多數（即 86%）生活在新興市場型的大國中，[18] 其中一半來自巴西、印度、中國和印尼。[19] 這些國家也是人口最多的國家。我們還可以看到，就區域層面而言，亞洲已成為「千禧世代重心」，因為它囊括了 58% 的千禧世代人口（見圖 5）。

圖 5：2015 年千禧世代人口集中的國家及地區

2,500萬人（含）以上
1,000萬至2,499萬人
500萬至999萬人
100萬至499萬人
不足100萬人

資料來源：《聯合國 2015 年世界人口展望》中 A.T. Kearney 的分析

　　這些國家中千禧世代的人口規模為經濟增長提供了機會，此即是國際貨幣基金組織所稱的「人口紅利」。這是透過兩種方式實現的：其一，藉著對經濟發展和家庭福利的投資，實現平均所得的增長；其二，藉著累積國內或國際的投資資產，促成國家收入增加。

　　在孟加拉、菲律賓和越南等開發中國家裡，這意味著到 2020 年，其龐大的千禧世代人口可能促成經濟快速增長，預計占到國內生產毛額的 6%。相較之下，在一些失業率相對較高的國家，例如埃及（42%）、伊朗（29%）和南非（53%），我們預計到 2020 年的時候，其國內生產毛額的增長率會低於平均水準（2% 至 4%），這反映出對其龐大的

千禧世代潛在的人口紅利有資本投入不足的現象。

在美國、英國、澳大利亞、紐西蘭、日本和西歐等已開發國家和地區中，數十年來較低的生育率導致千禧世代人口的集中程度相對較低。然而，正如我們在本章前面所討論的那樣，隨著人口老化（特別是處於嬰兒潮世代較前端、如今已屆退休年齡的人），許多開發中國家的千禧世代正迅速成為勞動力的主幹。

如前所述，根據聯合國的預測，[20] 全球老年人的增長速度已超過任何其他年齡層。相較之下，在同一時期，24歲（含）以下的人口僅增長 11%，而 25 至 59 歲的人數將增長 62%。這些預測強調了千禧世代的重要性將一直持續到 2050 年，因為屆時出生於 1980 年左右的人年紀將邁入70 歲大關。重要的是，隨著預期壽命的延長，世人將繼續感受到他們對民主的影響。

在民主國家中，這些「青年震盪」的人（包括千禧世代和嬰兒潮世代）共同擁有足以塑造和影響決策的強大選票勢力。然而，滿足這些非常多元化之群體的經濟和社會需求將是政府和政黨面臨的重大挑戰。

我們已經開始看到政治舞台上這種人口變化的證據。在英國，千禧世代約占人口的 31%。在 2017 年的英國大選中，選民投票率的最大增幅落在 18 至 34 歲的年齡層，而且根據報導，與其他任何年齡層相比，它一口氣增加了16%（見圖 6）。傑瑞米・柯賓（Jeremy Corbyn）的工黨是

這次投票率激增的主要受益者。

在美國，估計 2016 年已有 6,200 萬千禧世代的投票人口，人數已超過 X 世代以及沉默世代，一下躍居為第二大具影響力的投票人群（見圖 7）。隨著嬰兒潮世代有資格投票的人口數從 2040 年的高峰期開始滑落後，符合條件的千禧世代選民數將繼續透過移民和歸化的管道而上升，他們將成為美國最大的投票人群。

圖 6：英國 2017 年大選投票率

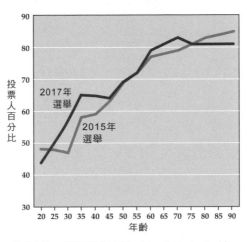

資料來源：《英國選舉研究》（*British Election Study*）

圖 7：1996 至 2016 年選舉中美國千禧世代具投票資格人口（20 至 35 歲）

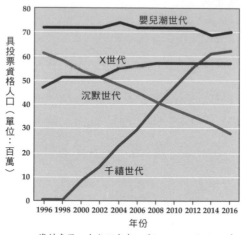

資料來源：皮尤研究中心（Pew Research Centre）

賦能 [i]

千禧世代如何改變世界？

我猜答案會和賦能有關。歷史上多得是被賦能的個人、文化、社群或國家如何激發重大變革的例子，例如第二次

---

i 譯注：賦能（Empowerment），也譯為賦權、充權、充能、授能、培力等，有不同的定義解釋。根據社區心理學家的一般說法，賦能乃是個人、組織與社區藉由一種學習、參與、合作等過程或機制，使獲得掌控自己本身相關事務的力量，以提升個人生活、組織功能與社區生活品質。賦能是一個範圍較廣泛的過程，其中含有公民參與、協同合作、社群意識等概念。

世界大戰後的經濟繁榮、1960 年代的社會和文化變革以及 1980 年代的科技革命等等。被賦能的人和社會都是上述每個事件的基礎。因此，重要的是，我們要思索以下這個問題：什麼賦予千禧世代能力，還有他們將如何運用這種賦能。

世界經濟論壇在 2017 年全球傑出青年調查中對全球 186 個國家 31,495 名年齡在 18 至 35 歲之間的人進行調查，[21] 釐清了千禧世代對一系列重要之全球發展和艱鉅任務的態度、看法和價值觀。其中的一項便是賦能。

第三次工業革命不僅讓千禧世代可以普遍使用網際網路，它還創造大量新的、通常是去中心化的方式，以便讓他們得以表達自己的價值觀、創造力和創業精神。他們認為這是青年賦能的最重要因素（見圖 8）。

圖 8：在你的國家中，影響青年賦能的最重要因素為何？
（樣本數＝ 22,493）

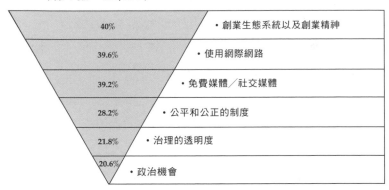

40%	・創業生態系統以及創業精神
39.6%	・使用網際網路
39.2%	・免費媒體／社交媒體
28.2%	・公平和公正的制度
21.8%	・治理的透明度
20.6%	・政治機會

資料來源：世界經濟論壇

如今科技最吸引人的問題中有一個便是中心化與去中心化。我們很多人都投入科技中，因為我們相信它可以成為一股去中心化的力量，可以將更多的權力交在世人手中。

——馬克‧祖克柏（Mark Zuckerberg）｜臉書創辦人

　　這種權力下放的現象使得千禧世代能夠更常參與周圍的世界，讓他們更具有社會意識、在經濟上受到重視並對環境認知更深。賦能的兩大支柱是創業精神以及利用網際網路和（免費的、社交的）媒體相互聯繫。重要的是，它為他們提供了收集資訊的方法，讓他們得以確立對自己至關重要的價值觀，並且提供他們闡明這些價值觀的平台。透過科技而實現的互連使得這一世代的人能夠立即與周圍的世界接軌。

　　這種願望並非千禧世代所獨有。所有世代都渴望與對他們而言至關重要的社群建立聯繫。今天，不同之處在於，科技使得千禧世代能夠在全球範圍內即時相互連接。這就是為何我們可以在全球範圍內隨時挑戰社會、政治、經濟和其他問題的原因了。他們的賦能可以解釋為什麼他們更常被「體驗和訂閱模式服務」（experiences and subscription model services）吸引而不像他們嬰兒潮世代的父母那樣獨鍾於所有權。

　　有趣的是，千禧世代並未將賦能視為一己的追求。對他們而言，那還包括賦能他人，使其獲取成功。這是他們

對領導者期望的核心點，無論是政治、商界、心靈還是組織方面的領導者都一樣。這裡我將以一位歌手兼詞曲創作者（由於千禧一代的支持，他已經取得了全球性的成功）的心聲結束本章的內容。

我相信我們中的每一個人，無論是不是名人，都有責任參與嘗試，以求改變世界。我們這一代人面臨著許多挑戰，其中一些是過去幾代人傳給我們的，但是我們今天要自己找到解決方案，這樣才不至於把問題再拖下去。

——夏奇拉（Shakira）｜創作歌手兼詞曲創作者

本章摘要

- 與千禧世代相關的人口變化以及與第四次工業革命相關的技術變革正在影響每個產業和全球經濟的每個層面。

- 千禧世代是嬰兒潮世代的子女，身為另一個非常具有顛覆性的世代，後者是前者第一個、也是最重要的影響。

- 就像他們的父母曾帶來經濟繁榮一樣，千禧世代也將引發下一次的科技昌盛，亦即第四次工業革命。

- 一個國家中千禧世代人口的密度已成為社會趨勢、政策和經濟表現的主要指標。

- 千禧世代的人口有 86% 來自新興市場國家。中國利用這一世代的人口所取得的成就足堪為其他開發中市場的楷模。

- 善用千禧世代在人口中的比重可以給一個國家帶來人口紅利，從而實現經濟增長。

- 網際網路賦能千禧世代，他們的聲音將藉著創造力和創業精神在全世界被聽到。

- 由於千禧世代之前幾代人的出生率下降，人口老化的現象將產生全球性的影響，而且老年人的存在將在很長一段時間內成為不可忽略的事。

- 吸引這個被賦能世代的是體驗和訂閱服務而非實體的所有權。對他們而言，賦能可以包括「賦能他人，使其獲取成功」，這是他們對今天領導者的期望。不過這種期望目前尚未實現。

2

經濟影響

千禧世代用他們的錢投票，
假以時日，他們會更有錢

如果你能證明自己不需要錢，那麼銀行就是可以借你錢的地方。

——鮑伯・霍普（Bob Hope）｜演員、歌手、舞者

---

15 年前，我加入了澳大利亞聯邦銀行（CBA），並與網路銀行以及青年部門行銷團隊密切合作，為銀行制定行動銀行和支付策略。我們考慮了行動技術如何徹底改變人們和銀行打交道的方式，特別是剛出頭的千禧世代人口對於世界及其在世界中的地位有著截然不同的期望。

　　透過澳大利亞聯邦銀行的傳統以及推廣金融素養的持續承諾，該銀行擁有澳大利亞任何組織類型中最大的青年客戶群，並且很清楚意識到這一點。我記得其他行業的一些重要組織也都在如何透過青年計畫以取得成功的一事上尋求該銀行的意見。儘管其他銀行從青年一離開學校並變得有利可圖的時候便就瞄準了青年市場，但澳大利亞聯邦銀行卻在普惠金融（financial inclusion）和教育計畫方面投入了大量資金，以至於有些顧客利益性不免令人懷疑。我抱著在商言商的心態問道：銀行為什麼要投資在吸引無利可圖的客戶上？所得到的回答是：「因為將來有一天他們會令我們獲利，而現在我們投資的是他們的忠誠度，日後會以有利可圖的主顧關係形式回饋我們。」

　　那一刻正好激發了我對千禧世代的想像和迷戀。我看到行為變化和數位科技如何和這個世代結合起來，並且將會如何以先前世代所未見的方式在經濟方面顛覆世界。

　　在本章中，我將從收入生產能力（income production capacity）、投資能力和消費能力等面向及其將產生的影響來探討這一代的經濟實力。

「平均經濟價值」（AEV）

　　為了解一個國家千禧世代的相對價值與全體人口之價值的差異，我特別新創了一個被我稱為「平均經濟價值」（Average economic value，簡稱 AEV）的衡量標準。AEV 是一種經濟能力衡量標準，其定義為個人在金融機構中存款和未償債務這兩種錢的總額（以美元表示）。為了進行分析，我研究了美洲、亞洲、中東和歐洲 15 個國家 6,078 個千禧世代的人（見圖 9）。

　　在這 15 個國家中，千禧世代的 AEV 現已達到所有年齡組 AEV 的 70%，這代表他們已經是有價值的一代。

圖 9：「平均經濟價值」（AEV）——千禧世代與全體人口對照（單位：美元）

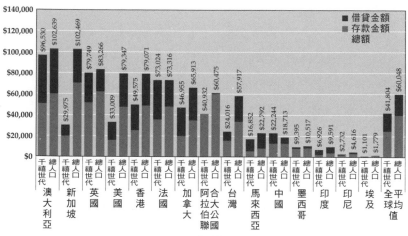

資料來源：RFi Intelligence（本圖已取得使用授權）

依據這種衡量標準推估，他們的價值只會繼續增加，其 AEV 將超過其他組別。我們可以預見，隨著時間的推移，千禧世代因為累積儲蓄以及增加債務，他們的經濟能力勢必提升。然而，債務也成為一個重要問題。對千禧世代而言，債務占其 AEV 的 41%，而市場的總體平均值只為 34%。千禧世代大部分的經濟價值是由債務加以支撐。

　　就國別層面而言，我們看到千禧世代的 AEV 與總人口的平均值相比會出現很多不同情況。在某些國家中，千禧世代的 AEV 已經超過了總人口的平均值。例如，中國千禧世代的 AEV 超過總人口的 22%。然而，仔細觀察發現，與總人口的平均債務（31%）相比，中國千禧世代因債務而墊高了他們的 AEV（42%）。

　　法國也存在同樣的情況：千禧世代的 AEV 與總人口 AEV 的平均值達到同等水準。然而，該 AEV 的 51% 係由債務構成，而債務在總人口的 AEV 中僅占 35%。

　　在澳大利亞和英國，千禧世代 AEV 占總人口 AEV 的 5% 以下，這使得他們成為各機構組織優先瞄準的目標。與法國的千禧世代一樣，澳大利亞和美國千禧世代的債務占其 AEV 的一半左右（分別為 47% 和 50%），而英國千禧世代的債務則較少，其中債務僅占 AEV 的 35% 左右。

　　在加拿大，儘管千禧世代的 AEV 占總人口 AEV 的 71%，但他們在我們所研究的 15 個國家 AEV 中的債務比例最高（達 57%）。新加坡、阿拉伯聯合大公國和埃及的千禧

世代在其 AEV 組合中的存款明顯較多，而且對債務的依賴程度較低。

至於存款部分，我們可以看到，千禧世代的存款已達到所研究之 15 個國家中總人口平均存款的 62%。這與千禧世代不愛存錢的看法有很大的出入。

就國別的層面而言，中國千禧世代的平均存款多於總人口的平均存款。在澳大利亞和英國，千禧世代的平均存款已達到總人口平均存款的 84%。這反映了千禧世代在這些國家中經濟價值日益增長的重要性。

千禧世代平均存款與總人口平均存款之間的最大差距出現在新加坡，差距為 71%，其次是美國，差距為 66%。

我們可以從這許多國家中千禧世代 AEV 相對於總人口 AEV 的數據得出以下結論：他們不斷增長的經濟實力及其相關影響會左右我們思考經濟政策、金融市場以及社會的方式。千禧世代來自經濟時代。現在讓我們來分析 AEV 對資產累積和負債的影響。

收入生產能力

如第一章所述，隨著與千禧世代相稱之代表性的增加，第一個重要的影響將作用在職場。到了 2025 年，許多國家中的千禧世代估計將占整體勞動力的 75%。隨著這種轉變的開展，到了 2030 年，他們的收入生產能力預計將增加到

32 兆美元。[22] 正如第一章所強調的那樣，亞太地區將成為千禧世代的中心。預計千禧世代將占該地區人口的 58%，可支配收入估計為 6 兆美元。[23] 相較之下，預計到 2025 年，美國的千禧世代將成為主要的收入產生者，估計將產生 8 兆 3,000 億美元（見圖 10）。

圖 10：美國各世代在 2025 年的預期收入

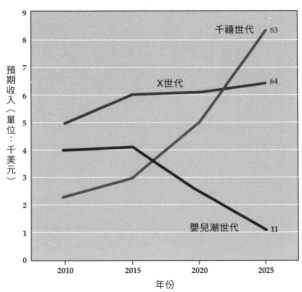

資料來源：傑夫林研究暨策略公司（Javelin Research & Strategy）
（本圖已取得使用授權）

　　這個轉捩點將對全球經濟和市場產生重大影響，因為千禧世代對分配可自由支配和非自由支配的支出有自己的偏好，這一點我們稍後還會討論。

投資能力

談到千禧世代的財富，我們需要考慮兩件事情。首先，他們目前擁有什麼以及他們將來可能有系統地產生什麼財富。其次，隨著時間的推移，他們將透過繼承或者代間財富轉移獲得什麼財富。根據波士頓顧問集團（Boston Consulting Group）2015 年的分析，[24] 千禧世代持有世界財富的 10%，估計約為 16 兆 9,000 億美元，而且預計到 2020 年，這一數字將會增加一倍，達到 35 兆 3,000 億美元。千禧世代財富的地理分布很有意思。就區域層面而言，亞太地區（不包括日本）的千禧世代財富已經超過其他地區，反映了亞洲經濟體的崛起以及該地區千禧世代的高代表性（見圖 11）。

圖 11：2015 年在各市場／區域中千禧世代握有的財富（百分比）

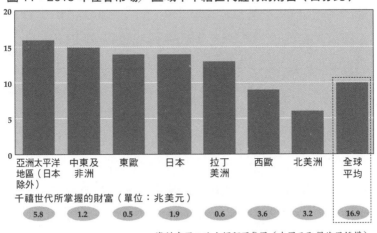

亞洲太平洋地區（日本除外）	中東及非洲	東歐	日本	拉丁美洲	西歐	北美洲	全球平均
5.8	1.2	0.5	1.9	0.6	3.6	3.2	16.9

千禧世代所掌握的財富（單位：兆美元）

資料來源：波士頓顧問集團（本圖已取得使用授權）

這種財富的管理方式引起了企業家的注意，而今天這也是有關重要顛覆現象的主題。這個被賦能的世代在財富管理方面渴望「自我作主」。這種自我作主的願望表現在「自動化數位理財顧問」（automated digital advice）的興起——這種通常由人工智彗驅動的系統——一般被稱為「機器人理財顧問」（robo-advice）。研究表明，千禧世代對科技設備所提供之建議的信任度高於對人類所提供之建議的信任度。我將在第五章詳細分析這一點。

在「財點投顧」（WealthPoint）和「貝德曼投顧」（Betterment）等顛覆性財富管理平台上呈指數倍增的投入資金中，我們都看到這種「自我作主」的心態。這兩家公司目前已成為最大的機器人理財平台，並在 2017 年共籌集了 4 億 500 萬美元的資金。在推出近 10 年後，「財點投顧」和「貝德曼投顧」總共管理約 159 億美元的資產，擁有的顧客帳戶超過 49 萬 5,000 個。[25] 這幾乎是千禧世代在 2015 年所擁有之總財富的 1%。現在你可能認為這個比例微不足道，但請記住，這兩個平台在 10 年前幾乎還不存在。

有趣的是，如果我們考量到從 2014 年以來這兩個平台客戶爆炸性的增長現象，我們就明白它們的影響力是呈指數倍增的。我將在第八章中更詳細地討論這種呈指數倍增之亮眼表現。

隨著千禧世代掌握更多的財富份額，我們可以期待這個被賦能、自我作主、具有社會意識的此一代人會以不同

的方式思考自己的資產應該如何配置以及應該投放在哪裡。「社會責任資產」（socially responsible asset）類別的出現可能是上述變化的主要指標。「影響力投資」[i] 是一個快速成長的財富管理部門，2016 年全球「永續性投資資產」（sustainable investment assets）增至 22 兆 8,900 億美元，比 2014 年增長了 25%。[26] 千禧世代進行永續投資的可能性是平均投資者的兩倍。75% 的人認為自己的投資會對社會問題、氣候變遷以及槍枝管制產生影響。千禧世代對於該將自己財富放心交付誰來管理這問題的看法和其他世代是相當不同的。

學生貸款

千禧世代是有史以來受教育程度最高的一代人，經濟合作暨發展組織會員國中 25 至 34 歲人口裡有 42% 擁有高等教育的學位，而他們那些嬰兒潮世代父母的對應比例只為 26%（見圖 12）。

許多國家都為此付出了巨大的費用。長期教育正造成生命各階段的轉變（我在第七章中會詳加分析）。這同時也給政府帶來了經濟上的挑戰，因為千禧世代從一踏入職

---

i 譯注：影響力投資（Impact investing），這種投資旨在產生有益於社會或環境的影響並獲得經濟收益，也是社會責任投資的一個部分。

場便背負了沉重債務壓力。2016 年美國學生的貸款欠債平均為 3 萬 7,000 美元，英國為 5 萬 5,000 美元，[27] 澳大利亞為 2 萬 9,850 澳元。在美國，學生貸款債務負擔從 2006 至 2016 年這 10 年間增加了兩倍，達到 1 兆 4,000 億美元。在英國，學貸債務在 5 年內翻了一倍，達到 1,000 億英鎊。在澳大利亞，學貸債務已上升至 597 億澳元。[28]

圖 12：2016 年各國擁有高等教育學位人口

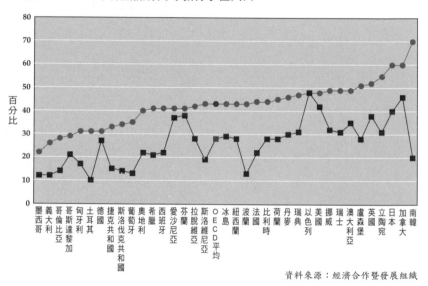

資料來源：經濟合作暨發展組織

　　在許多國家中，千禧世代是第一代承擔重大學貸債務的人。在美國，2008 至 2009 年是學生貸款債務超過汽車貸款債務的轉捩點。今天學生貸款債務超過汽車貸款債務 1 兆 1,000 億美元。[29]

因此，這為許多組織機構提供機會，讓它們利用資助教育費用的方式吸引並留住千禧世代勞動力。雖然這些措施尚未普遍到位，但是至少正在推展，其辦法包括「稅金有效還款安排」（tax effective repayment arrangements），而利用此方法的企業機構涵蓋各行各業，包括安泰（醫療保健）、瑞士信貸（全球金融服務）、保誠投資（金融服務）以及普華永道（國際會計審計專業服務）。

　　如果這問題不解決，那麼成本的上升和債務的增加可能會影響經濟，其後果包括延遲結婚、購入自宅、生兒育女的時間以及可支配收入有限的問題。在這瞬息萬變的世界中，教育體系和私人部門必須重新考慮政策以及合作的技巧。

消費能力

　　千禧世代高度集中的國家是觀察經濟變化良好的領先指標。例如，在中國，大約 4 億 1,500 萬人的千禧世代即占總人口的 31%。[30] 千禧世代對智慧手機的高度接納造成大約 90% 的使用率，這已經引發了對電子商務和行動支付之無法抑制的渴望。大約 73% 的中國網購者使用行動支付。在美國，千禧世代占總人口的 31%，達到約 8,000 萬的數目，[31] 其中智慧手機的普及率達到 97%。[32] 大約 80% 的美國千禧世代使用「銀行行動應用程式」（banking apps）。[33]

讓我們透過美國信用卡數據來探究一下消費能力。我們在分析美國銀行美林公司（Bank of America Merrill Lynch）在 2017 年所收集的數據時發現了一些值得注意的模式。首先，四個人口世代中的每一代都將其收入的大約 41% 至 45% 用於食物這項基本開銷上。然而，千禧世代是在餐館而不是食品雜貨上花更多錢（約占收入的 52%，而 X 世代為 41%，嬰兒潮世代為 33%，傳統世代為 33%）。

　　其次，千禧世代在電子產品／嗜好／服裝等生活用品上的花費高於老年人口（2% 至 7%）。[34] 談到生活方式，由於從學生生活到職業生涯，從單身生活到家庭生活的生命階段都被延遲，這一世代的人口與前幾代人之間的差異是很顯著的。（我將在第七章詳細探討這一點。）

　　與較老的那些人口階層相比，美國千禧世代擁有的信用卡張數是比較少的。根據益博睿公司（Experian）的說法，他們信用卡的信用額度比嬰兒潮世代的人低（4,315 美元對比 7,550 美元）。[35] 或許一方面因為身負學貸還款壓力，二方面因為經歷過全球金融危機而產生「信用保守主義」，他們相較於其他世代較不常利用信貸。

　　然而，益博睿公司發現，千禧世代雖然比嬰兒潮世代傾向於減少信用卡的信用額度，但他們額度的利用率遠遠超過其他世代的人口（千禧世代為 36%，而嬰兒潮世代僅為 28%）。這點表明他們使用（和依賴）信貸總額的百分比高於嬰兒潮世代。

雖然千禧世代消費能力的價值受到許多因素的影響，但是由於他們在勞動力和隨後之收入生產中的代表性越來越高，再加上職涯和家庭結構的變化，他們的價值最終會超過其他幾世代人的價值。這一點在該世代的「投資組合收益模式」（Portfolio Profitability Model）中獲得了印證，[36]該模型使用美國信用卡投資組合和信用卡收益性來預測這一世代的轉變。它說明了嬰兒潮世代和 X 世代的「遺產收益」（legacy profit）正在下降，而千禧世代「尖端收益」（peak profit）的貢獻率則有所增加（見圖 13）。

圖 13：歷年尖端收益和遺產收益的人口（世代別／百分比）

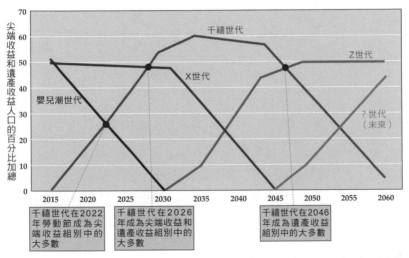

資料來源：ISYS 針對美國人口普查局 2014 年 12 月公布之人口預測所進行的分析
（本圖已取得使用授權）

該模式預測，千禧世代到了 2022 年和 2028 年將分別超過嬰兒潮世代和 X 世代成為主要的生產者，而且保有此一地位的時間預計長達 18 年，然後會被 Z 世代超越。雖然我們可以可靠地預測這千禧世代的消費能力，但是我們仍不太確定他們會如何花錢，因為他們是跨入「行動優先」（mobile-first）經驗的第一代人，而且他們主要看中的是「消費取向」（consumption-based）或是「使用取向」（access-based）的服務而非物品的實際擁有權。

什麼影響了他們的財務安全？

　　根據瑞銀對 10 個國家富裕千禧世代的研究，[37] 無論是來自已開發市場還是新興市場，在財務安全方面，千禧世代都非常重視他們在教育和靈活度方面的個人能力。瑞銀進一步發現，技術技能和企圖心在這些優先事項中也都名列前茅。在社會因素方面，千禧世代最重視的是就業市場、社會網絡、經濟政策和家庭責任。

　　千禧世代的經濟觀在生產和累積階段將與前幾代人不同，因為他們所處的環境正發生巨大變化。在本書的其餘部分裡，我將檢視這種不斷變化的環境。最值得思考的是千禧世代那些迅速改變的偏好。科技革命極大程度地塑造了這些偏好。這群人口比起他們之前的世代更了解如何將自己經濟影響力施加於政策上（無論是社會的、經濟的、

政治的或文化的）。

狗沒有錢。這不是很奇妙嗎？牠們終生一文不名，但終究熬過去了。你知道為什麼狗沒有錢嗎？因為沒有口袋。

——傑瑞‧桑費爾德（Jerry Seinfeld）｜演員、作家、製片、導演

本章摘要

- 千禧世代的「平均經濟價值」（AEV）（存款與貸款的加總數額）在 15 個國家中已達到 AEV 的 70%，這使得他們成為極具經濟意義的人口群。

- 千禧世代對借貸的依賴程度更高，這墊高了他們的 AEV 規模，占比來到 41%，而市場整體平均水準僅為 34%。

- 由於千禧世代勞動力的比例增加，所以其收入生產能力也隨之增加，預計在 2030 年時將達到 32 兆美元的水準，而且將超越其他的世代群。在美國，估計千禧世代到 2025 年時的收入生產能力可達 8 兆 3,000 億美元

- 至於財富部分，估計在 2015 年時，千禧世代占世界財富的 10%（16 兆 9,000 億美元），而到 2020 年時預計將增加到 35 兆 3,000 億美元。代間財富轉移將使這一代人成為嬰兒潮世代父母所累積之財富的主要受益者。

- 千禧世代是有史以來受教育程度最高的一代人，在經濟合作暨發展組織會員國中，25 至 34 歲的人口中，擁有高等教育學位的比例高達 42%。在許多國家中，學生貸款的債務不斷膨脹，估計在美國、英國和澳大利亞分別已達了 1 兆 4,000 億美元、1,000 億英鎊及 597 億澳元。

- 隨著千禧世代消費能力的提高，預計到 2028 年時，他們將超過其他的世代群，成為尖端收益的主要生產者。

- 在財務安全方面，千禧世代非常重視他們在教育和靈活度方面的個人能力。在社會因素方面，千禧世代最重視的是就業市場、社會網絡、經濟政策和家庭責任。

3

勞動力影響

當心人力資本與期望間的差距

世界擁有豐富的人才。我們集體所能運用的聰明才智和創造力可為我們提供方法,這些方法不僅讓我們得以應付時代的巨大挑戰,而且更關鍵地能讓我們建立一個更具包容性與以人為本的未來。

——克勞斯‧施瓦布(Klaus Schwab)|世界經濟論壇創始人兼執行主席

在本章中，我將探討千禧世代如何將他們的職業生涯視為自我認同的延伸。這包括他們寧願選擇在對社會產生積極影響的環境中工作，以及他們如何看待企業在這一追求中發揮的重要功用。

研究報告表明，千禧世代是基於社會的公平正義而採取行動的。對他們來說，現狀是必須接受挑戰的。因此，這種見解有助於解釋為何具有「重大轉型目標」（Massive Transformational Purposes）的企業組織更有可能成為具吸引力的雇主，因為他們與千禧世代有情感上的紐帶相連。這些企業組織是以目標為導向的，立志在社會中發揮有意義的作用，並希望做出貢獻而使世界變得更美好。這就是為何千禧世代常被吸引加入初創事業以及科技組織機構的一個關鍵原因。在已開發國家中，54% 的千禧世代開始或計畫開辦自己的企業，而 27% 的千禧世代已經是自雇者。[38]傳統的機構組織必須認清，自己根本無法將千禧世代納入昔日的模式，因為新的模式正在湧現，這是他們現在必須與之競爭的對象。

預計到 2020 年，千禧世代將占許多已開發國家勞動力的 50%，到 2025 年將占 75%。[39] 然而，去年他們對企業的信心有所下降，而且渴望在職場獲得更大的靈活性與積極的工作文化。最值得注意的是，千禧世代覺得自己對工作性質的轉變毫無準備。這是德勤公司（Deloitte）在 2018 年針對 36 個國家超過 10,000 名千禧世代所進行的研究中發現

的一些要點。[40]

　　從 2018 年向前算的 4 年時間中，千禧世代對企業動機的態度在 4 個關鍵指標上均達到最低點（見圖 14）。四分之三的千禧世代人口如今認為企業關注的只是自己的利益，而不是著眼於更廣泛的社會。自 2017 年以來，這一觀點增加了 16%。現在只有少數的千禧世代還認為企業以道德的方式經營，認為企業領袖致力協助改善社會。大多數人認為企業除了賺錢之外別無其他雄心。

　　該項研究發現：最近這種劇烈轉變的根本原因在於千禧世代認為企業將應該優先考慮的事項本末倒置。他們絕大多數人認為企業經營的成功與否應該超然於財務業績之外（見圖 15）。千禧世代認為企業應優先考慮是否能對社會產生積極的影響，是否能推出嶄新的理念、產品和服務，是否能創造工作機會和職業成就，是否能在強調包容性和多樣性的前提下改善世人的生活。然而，他們的反應顯示：上述的優先事項與他們自己的企業並不匹配，在所調查的 9 個領域中有 7 個領域存在重大差距，特別是在產生利潤、提高效率以及生產和銷售產品等方面。

　　談到職場中問責性（accountability）與影響力之間的關係，2017 年德勤公司的研究發現：兩者之間存在著關聯性（見圖 16）。[41] 千禧世代認為：他們對顧客／顧客滿意度以及工作文化／氛圍具有最大程度的問責性和影響力。至關重要的是，他們認為自己對慈善計畫的倡議／夥伴關係

圖 14：千禧世代對企業動機的看法消極，因為他們認為……（百分比）

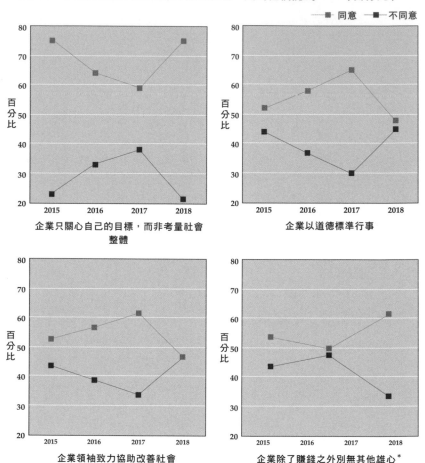

企業只關心自己的目標，而非考量社會整體

企業以道德標準行事

企業領袖致力協助改善社會

企業除了賺錢之外別無其他雄心 *

第 12 題：整體而言，你同意或不同意以下有關世界各地企業目前行為的描述？（受訪人數：10,455 名千禧世代樣本）
* 2015 年的問卷中並未問及「企業除了賺錢之外別無其他雄心？」

資料來源：德勤公司
（本圖已取得使用授權）

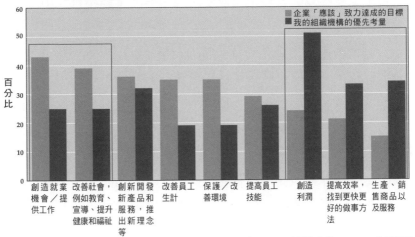

圖 15：雇主與千禧世代看中的優先事項「不一致」，因為後者認為……
（百分比）

第 11a 題：企業應該設法實現以下哪些目標？最多選擇 3 項。（受訪人數：10,455 名千禧世代樣本）

資料來源：德勤公司（本圖已取得使用授權）

圖 16：問責性與影響力的程度（百分比）

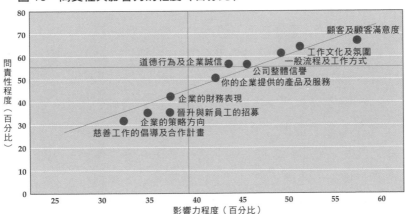

第 21 題：你認為自己對以下活動或議題有何影響？

第 24 題：你對以下哪幾點承受問責性？所謂的「問責性」係指你必須保證以最高標準完成所負責的工作。

資料來源：德勤公司（本圖已取得使用授權）

以及組織機構的策略方向影響最小，而且所負責任最小。這足以解釋為何千禧世代對於新創事業的生態系統和創業精神具有好感，而且將其視為賦能的最重要因素。

看得出來他們認為自己無法影響晉升以及新人招募，而這揭示了一個有關多樣性之更廣泛的問題。在性別、種族或性取向方面，我們必須認清，這是有史以來最多元化的一代，而今天職場存在的巨大不平等將影響他們對就業的選擇。我將在第六章中詳細介紹這一關鍵主題。

今天關於自動化的新聞報導往往集中在關注其對裁員的影響。例如機器人技術或人工智慧技術等方面的發展經常是被援引的例子。儘管如此，技術熟練的千禧世代看到的是不同的前景。研究表明，千禧世代認為自動化可以帶來潛在的經濟與生產力效益，此外它也可以為具附加價值的創造活動或學習新技能提供機會。在這方面，只有不到 9% 至 14% 的人表達負面的觀感。千禧世代也同意（36%）「自動化對就業機會產生影響」的普遍認知，而且多數人（51%）肯定再培訓有其必要（見圖 17）。

千禧世代非常清楚第四次工業革命對職場的影響。在 2018 年針對千禧世代所作的調查中，德勤公司發現：近十分之四的千禧世代反映，他們的企業正在廣泛使用先進的自動化技術、連線技術、人工智慧或機器人來執行以前由人工執行的機械任務或是分析工作。重要的是，該研究發現，大多數人認為第四次工業革命將強化他們的工作，使

圖 17：對於自動化的觀感

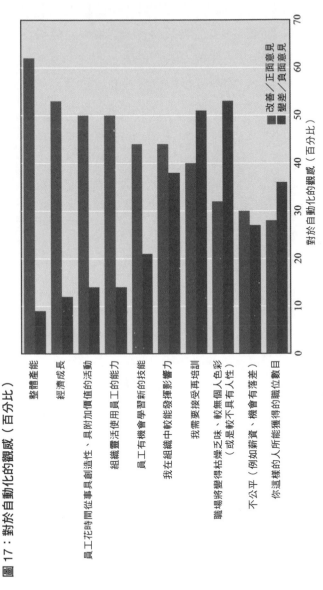

對於自動化的觀感（百分比）

整體產能

經濟成長

員工花時間從事具創造性、具附加價值的活動

組織靈活使用員工的能力

員工有機會學習新的技能

我在組織中較能發揮影響力

我需要接受再培訓

職場將變得枯燥乏味、較無個人色彩（或是較不具有人性）

不公平（例如薪資、機會有落差）

你這樣的人所能獲得的職位數目

對於自動化的觀感（百分比）

■ 改善／正面意見
■ 變差／負面意見

資料來源：德勤公司（本圖已取得使用授權）

第 32 題：你認為自動化技術、人工智慧和機器人是否將對未來的職場（指一般你的組織機構而已）造成重大影響？
第 33 題：提升自動化技術、人工智慧和機器人的使用比重將對職場造成何種影響？你覺得後續發生的事是否會影響你？

他們有更多時間專注於創造性的、具附加價值的工作。

　　雖然千禧世代對第四次工業革命有所認識而且覺得它對職場的影響是正向的、鼓舞人的，但是他們當中有許多人認為自己對於未來的挑戰毫無準備。德勤公司發現只有36%的千禧世代認為自己已做好充分準備並且擁有所需的技能和知識。有趣的是，德勤公司又發現，千禧世代人群當中認為自己的組織企業具備較靈活工作方法者（47%），以及認為自己的組織企業擁有多元化高級管理團隊者（45%），他們對於第四次工業革命較具信心，而那些打算長期為自己雇主效力者（42%）亦是如此。這些發現支持了以下此種觀點：採用全方位方法營運其組織的企業主比較能夠留住並且激勵千禧世代的員工。

　　人力資本及其持續的發展能超越企業組織的界線，為國家的整體繁榮提供動力。根據世界經濟論壇的一項全球研究，[42] 國家如何發展人力資本可能是決定其長遠成功的一個重要因素，比起任何其他因素都要關鍵。（人力資本的定義：人因擁有與時俱進的知識和技能，所以能夠在全球的經濟體系中創造價值。）正如我們在第一章中所討論的那樣，隨著老化人口增長的速度超過年輕世代增長的速度，人力資本將變得更有價值。

　　這項研究包括「全球人力資本指數」（Global Human Capital Index）。該指數對 130 個國家的人力資本水準進行排名，範圍從 0（最差）到 100（最好），並且包括能力、

調配、發展和專門知識等 4 個主要面向以及 5 個不同的年齡層或世代（0 至 14 歲、15 至 24 歲、25 至 54 歲、54 至 64 歲、65 歲以上）。他們發現的結果十分耐人尋味：

- 平均而言，按照該指數評估，全球開發出來的人力資本僅占其人力資本總量的 62%，也就是說，38% 的人才未獲得充分利用。因此，在我們知道自己可能面臨的短缺狀態中，這為技能的補充提供了重要的契機。
- 只有 25 個國家開發了其人力資本的 70% 或者更多，有 50 個國家的得分介於 60% 至 70% 間，有 41 個國家得分在 50% 至 60% 間，並有 14 個國家得分低於 50%（這顯示這些國家目前開發的人力資本不到其人力資本的一半）。
- 該指數排名前 10 位的國家是挪威、芬蘭、瑞士、美國、丹麥、德國、紐西蘭、瑞典、斯洛維尼亞和奧地利。
- 這些名列前茅的國家通常長期關注其人民的教育程度，並在技術密集型的職業中調配了廣泛的勞動力。這些國家也是今天高收入的經濟體，表現出良性的循環。
- 若從區域加以比較，北美和西歐的人力資本發展程度最高，南亞和撒哈拉以南非洲的人力資本發展程度最低（見圖 18）。

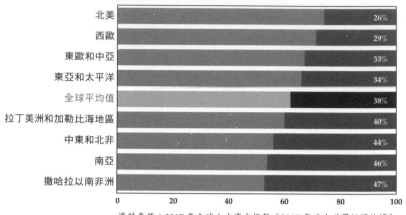

圖 18：2017 年世界各區域的人力資本開發（百分比）

北美	26%
西歐	29%
東歐和中亞	33%
東亞和太平洋	34%
全球平均值	38%
拉丁美洲和加勒比海地區	40%
中東和北非	44%
南亞	46%
撒哈拉以南非洲	47%

資料來源：2017 年全球人力資本指數（2017 年瑞士世界經濟論壇）

　　吸引、保留和發展人力資本對任何國家或組織（無論公共或是私人）的未來表現都至關重要。為不斷學習和適應技術進步而持續發展職場環境、政策和文化又更為關鍵，因為職場必須跟上的那個世界，其變化的速度比我們所認知的要快。

　　由於千禧世代在企業組織勞動力中的比例增加，由於該世代在人力資本投資和技術投資之間取得平衡，這一過程將變得更複雜。為了釐清此一問題，光輝國際機構（Korn Ferry Institute）委託進行一項全球性的經濟分析計畫。[43] 該計畫採訪了多家資產數百萬美元之國際企業組織的 800 位領導人，就他們對未來成長和價值將產生於何處的看法進行調查。結果他們發現：

- 63% 的人認為：在未來 5 年內，技術將成為自己公司最大的競爭優勢。
- 67% 的人認為：技術將在未來比人力創造更大價值。
- 44% 的人認為：機器人、自動化和人工智慧將使人力在未來的工作中「基本上變得可有可無」。
- 他們舉出未來 5 年其企業前 5 名的優勢條件：技術、研發、產品和服務、品牌、房地產。人力資本並未上榜。

　　相當諷刺的是：人力資本對於那些商界領袖所列舉之前 5 名的優勢條件均至關重要，但卻被他們打入冷宮。我們必須重新將人力放在優勢地位，讓它領先於技術、研發、產品和服務、品牌、房地產，並且重新調整如何更妥當利用人力資本的策略。

　　相信年輕人，相信這一代人的創新。他們正在造出東西，每天都在改變創新。

——馬雲｜阿里巴巴集團創始人

本章摘要

- 在已開發國家中，54% 的千禧世代已經開創或是計畫開創自己的企業，而 27% 的千禧世代成為自雇者。傳統企業組織必須認清，他們根本無法讓千禧世代遷就舊的模式，因為有新的模式出現，他們現在必須與之競爭。

- 千禧世代認為自己對顧客與顧客滿意度以及文化負有最大責任，但他們也認為自己對於企業組織策略取向所發揮的影響力最小。

- 對於自己無法影響組織企業策略取向的看法可以部分解釋為何他們將創業生態系統和創業能力視為賦能的最重要途徑。

- 千禧世代已體認到自動化在提高生產力、經濟成長、創造／附加價值活動、靈活度、學習新技能和影響力方面所提供的機會。

- 國家和企業組織如何發展其人力資本可能是其長遠成功的一個最重要的決定因素。然而今天，世界平均只開發 62% 的人力資本，而這數據突顯一項事實：平均有 38% 的人才未獲得充分利用。

- 儘管如此，全球的商界領袖並未將人力資本列入未來 5 年的前 5 大資產。

- 千禧世代對企業的信心下降，因為他們對職場更大的靈活性和積極的工作文化之期待增加了，而且他們對工作性質的改變感到毫無準備。

- 千禧世代對企業所作所為的看法已達到 4 年來的最低點。其中四分之三的人認為世界各地的企業都只關注自己的問題，而非全面考慮整個社會。

4

科技、媒體和創新的影響
第六感

對於千禧世代來說,科技是第六感,是了解世界的一種方式。

——安德雷亞·赫爾沙特(Andrea Hershatter)| 埃默里大學資深副院長

有一次我意識到自己的孩子（事實上其他孩子也都如此）都具有這種「第六感」。那時，我們開車穿越鄉下去探望住在澳大利亞偏遠地區一處農場的家人。那是一個美麗的秋日，六個小時的車程我們已經走了兩個小時；從擁有陽光燦爛、綠意盎然，以及綿羊放牧的完美車窗景致向後退去。突然，其中有一片綠野引起了我的注意。那個地方有 12 個朝向天空的巨大衛星天線設備，並且策略性地布置在那個場地周圍。這是我見過的最奇怪的東西，因為它與周圍景觀如此格格不入。道路上或現場並沒有說明裝置是什麼東西或做何種用途的告示牌。我立即認定那必然是澳大利亞某家研究機構的科學或是農技裝置，或者擁有該土地的農民不知迷上了哪種尚未被當地電視播報過的某種運動。

　　由於眼前景象這在鄉村背景中顯得如此不尋常，我想讓孩子們也看一下。當時他們的頭部偏個 45 度，眼睛鎖定在智慧手機螢幕上的遊戲，小小耳朵仍聽著透過耳機傳出來的高音量。我期待他們提出物理學或天文學的問題，同時準備傾聽熱切、好奇的孩子們可能提出的棘手問題。他們從智慧手機的螢幕上抬起頭，一致觀察眼前那個巨大的通訊設備，然後眼中帶著興奮光芒問道：「爸爸，你覺得那裡有免費的 WiFi 可以用嗎？」我在那一刻體會到，這世代的人看到通訊基礎設施時並不會聯想到物理學或天文學問題的。但實際上我所觀察到的是那一代人的生物現象。

對他們而言，連上網路就與呼吸一樣天經地義，而離線則是一種不自然的狀態。結果三個依然處於離線狀態的孩子失望地度過旅程剩下的四個小時，不過我能理解，現在年輕人畢竟是在**行動和媒體第一的世界**中長大的。

科技已讓千禧世代連結起來、獲取資訊、被賦權能並且消遣娛樂。如前所述，86% 的千禧世代人口居住在新興市場。對許多人來說，無線技術是他們的第一種也是唯一的一種連接形式，並且是「數位包容」[i] 中的關鍵環節。例如，在低收入和中等收入國家裡沒有銀行帳戶的 25 億人口當中即有 10 億人有行動電話可用。

《比爾和梅林達‧蓋茲 2014 年年度評論》預測，到了 2030 年，將有 20 億人口會在行動設備上存錢和付錢（指無銀行服務和銀行服務不足的社區），[44] 而且這也名列未來 5 大趨勢之一。如今，行動技術在 92 個國家／地區支援 277 個行動貨幣服務，這將成為新興市場 4 億用戶之普惠金融的關鍵環節，而今天這些用戶沒有銀行帳戶為其服務。因此，行動技術不僅是數位包容的基礎，也是普惠金融的基礎。

預計行動網際網路的普及率將從 2016 年的 48% 增加

---

i 譯注：數位包容（digital inclusion），指用來建立一個沒有歧視的資訊社會所推動之所有政策與活動，使每個人不會因為教育程度、性別、年齡、種族以及居住地區之不同而有不同接觸與使用資訊的機會。

到 2020 年的 60%，增加約 10 億個獨立行動用戶和 19 億支智慧手機，使智慧手機的普及率達到全球 57 億支。[45] 智慧手機也已成為我們社交關係的主要設備，估計有 30 億活躍的行動社交用戶。[46] 且讓我們停下來思考一下。

想像一下，多連接了 10 億人將會為數位、經濟和社會的包容性帶來什麼影響。這會給世界帶來什麼樣的創新和創業活力？ 2016 年，聯合國宣布：網際網路為一種「人權」。[47]《世界人權宣言》（UDHR）第 19 條規定：「人人有權享有主張和發表意見的自由；此項權利包括持有主張而不受干涉的自由，和透過任何媒介和不論國界尋求、接受和傳遞消息和思想的自由。」第 19 條第 32 款包括：「在網際網路上促進、保護和享受人權。」

千禧世代不僅伴隨無線技術成長，而且由於其不斷提升的科技熟練程度以及期待標準，他們也可能刺激對未來設備、網絡、服務和媒體的需求。這就是社會科學研究者馬克‧麥克可林多（Mark McCrindle）所稱的「預期膨脹」（expectation inflation）現象。[48]

如果我們考量一下世人接納新科技所需要的時間，那麼智慧手機已經打破了所有的紀錄（見圖 19）。它僅用了 6 年的時間就實現了美國人口 70% 的採用率，這反映了該項科技呈指數式倍增的效應。此外，根據調查，在許多國家中，千禧世代中智慧手機的普及率是高於其他世代的。

在很短的時間內，出現了數以兆（美元）計的經濟規

模。除了設備、服務和網路訂閱之外，在短短 10 年之內，2016 年手機應用程式的經濟價值估計即已達到 1 兆 3,000 億美元，34 億用戶使用這些程式的時間總計超過 1 兆 6,000 億小時，這相當每人平均花費 379 美元於行動應用程式、應用程式內廣告（in-app advertising）和行動商務。[49] 預計到 2021 年，這一經濟將成長 5 倍，達到 6 兆 3,000 億美元的規模，這是因為 2021 年用戶倍增為 63 億，平均每人花費 1,008 美元。

圖 19：美國人口（百分比）接受新科技所需之年數

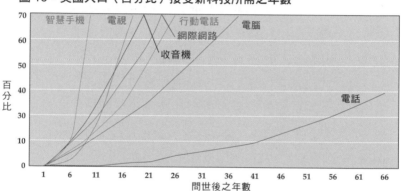

說明：市場普及率係指美國家庭占比（電話、電力、收音機、電視、網際網路）或是美國消費者占比（智慧手機、平板電腦）

資料來源：商務智能（BI Intelligence）（本圖已取得使用授權）

事實上，地球已成為手機應用程式的星球。自 2015 年以來，這類程式的下載量增加了 60%，達到 1,750 億，消費者支出增長了 105%，達到 860 億美元。一般的智慧手機用戶，特別是那些擁有大量千禧世代的國家中（例如印度、

中國、巴西、印尼、南韓、美國、德國、法國、英國、日本和墨西哥），每人的設備上平均有 80 個應用程式，其中每月都會使用的高達 40 個。歷史上從來沒有哪種科技像行動應用程式那樣在如此短的時間內對人類的行為產生如此深遠的影響。

因此，對大多數企業組織來說，了解我們快速變化的行為並涉入此項科技是至關重要的，此外，調整我們理解行為和區隔（segmentation）的傳統模式以適應新情勢亦是不可或缺的。GSM 協會 ii 開發了「全球行動愛用指數」（Global Mobile Engagement Index，簡稱 GMEI），[50] 這是一個有用的工具，可幫助我們了解愛用行動的背後究竟是什麼。GMEI 是基於 50 個國家／地區中超過 50,000 名受訪者的行動使用模式而擬定的。該指數有助於透過一系列使用和服務的案例解釋智慧手機和非智慧手機用戶之間愛用狀況的差異。得分越高，表示消費者越頻繁接通行動服務。GSM 協會利用該指數開發出一套區隔 4 類消費者方法：

- **說話型**：絕大多數的情況下，他們只使用手機進行語音通話或發簡訊。
- **網際網路型**：他們大部分使用手機來通訊、社交或瀏覽

---

ii 譯注：又稱 GSMA，Groupe Speciale Mobile Association 的簡稱，由
　　220 多國、近 800 家的行動通訊業者以及相關公司所贊助成立，
　　以制定行動電話系統的共通標準。

網頁，也會利用手機應用程式，並且偶爾拿來當作消遣娛樂工具。

- **實用主義型**：在大多數區塊中都呈現很高的使用率，但在生活方式、數位商務和金融服務等方面仍處於嘗試階段。

- **入迷型**：在所有的使用情況中都表現出最高度的參與。

他們發現千禧世代是全球愛用程度最高的。

因此，隨著千禧世代越來越愛使用智慧手機，他們在這方面的支出（以及他們的經驗期望）也會跟著增加。這些期望將在塑造行動服務方面發揮重要作用，特別是在第五代（5G）的系統上。影像消費的趨勢也表明千禧世代已將觀看影像的習慣轉移到手機上。

愛立信對 14 個國家中 14,000 名智慧手機用戶所進行的一項研究顯示，[51] 50% 的千禧世代會觀看網路串流影片，其中 28% 為每天 1 至 3 小時，是 45 歲（含）以上年齡層的 6 倍。與年紀較長的年齡層相比，他們更重視內容的個性化。此外，與較老的人相比，他們的消費習慣造成他們對於網路的性能越來越挑剔、容忍度也越來越低，以至於只有一半不到的千禧世代智慧手機用戶對行動寬頻的品質感到滿意。他們不僅對 5G 的速度、覆蓋範圍和可靠性抱有很高的期待，而且還很重視手機設備的電池性能、內容回應速度和個人資料的安全（見圖 20）。

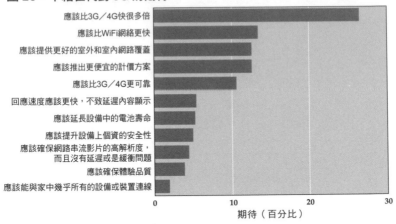

圖 20：千禧世代對 5G 的期待

應該比3G／4G快很多倍	
應該比WiFi網絡更快	
應該提供更好的室外和室內網路覆蓋	
應該推出更便宜的計價方案	
應該比3G／4G更可靠	
回應速度應該更快,不致延遲內容顯示	
應該延長設備中的電池壽命	
應該提升設備上個資的安全性	
應該確保網路串流影片的高解析度,而且沒有延遲或是緩衝問題	
應該確保體驗品質	
應該能與家中幾乎所有的設備或裝置連線	

期待（百分比）

資料來源：愛立信消費者實驗室分析平台（2017 年 6 月）（本圖已取得使用授權）

　　5G 網路的技術不斷發展。對這些技術可能性的渲染正達到高潮，大家想像成千上萬的物品、設備、感測器和其他技術將會問世。有一件事是肯定的：如果對體驗的期待在 4G 網路上受到考驗，那麼在 5G 上情況將更是如此，而行動業者宣稱的「零延遲」（zero latency）期待將受到檢視。

　　快速進入內容才是新的王道。在數位革命的早期，內容即是王道，但隨著第四次工業革命的來臨，獲取內容的速度取而代之成為新的王道。「延遲」對於千禧世代而言已成為體驗行動服務、觀看隨選串流影片的重要指標。愛立信和沃達豐（Vodafone）進行一項神經科學研究以了解不同網路性能對智慧手機用戶的影響。[52] 研究結果發現：在行動裝置應用程式進入內容時的延遲方面，消費者的潛意識

（情緒反應）與身體的反應之間存在直接關聯（見圖21）。
該研究揭示了一些有趣的見解：

圖21：進入內容的延遲時間對18至24歲、25至34歲、35歲以上
**　　各年齡層所造成的壓力**

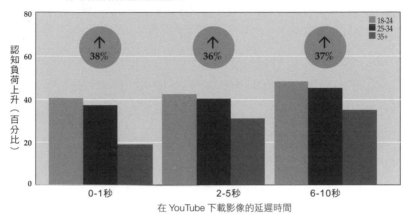

資料來源：轉瞬間的消費者實驗室（ComsumerLab in a blink of an eye）（2016年6月）

- 千禧世代在上傳自拍相片時只要有2秒鐘的延遲，心率便會升高44%，此即所謂的「自拍壓力」（selfie stress）。
- 在「自動播放」（AutoPlay）的功能中，臉書上任何的影像加載延遲都比YouTube上的加載延遲給人更多壓力。
- 千禧世代和「串流愛用者」（streaming natives）對下載線上影像的延遲比較無法忍受，而千禧世代對於行動裝置延遲現象所感受的壓力也比非千禧世代的人高出35%。

- 千禧世代在 6 秒或更長的影像延遲時受到的壓力最大，8 秒後他們更是完全失去了觀看影像的興趣。

　　千禧世代讓社交媒體和相機技術在智慧手機中發展起來，也為我們的詞彙提供了「自拍」（selfie）這個新詞。牛津詞典在 2013 年將該詞選為年度詞彙（最早是澳大利亞一位年輕人用來描述自己在 21 歲生日派對上酒醉時自拍的一張照片）。愛立信和沃達豐的研究現在發現，上傳自拍照的速度延遲會導致壓力。例如，1 秒鐘的延遲會導致 47% 參與者的壓力水準上升；而如果延遲了 2 秒鐘，47% 的參與者會失去了對上傳動作的興趣。8 秒鐘後，大多數參與者會放棄嘗試上傳他們的自拍照。這裡的關鍵點是：任何企業組織在為體驗經濟設計自己的應用程式或服務時，都需要非常仔細地考慮這種「期望膨脹效應」（expectation inflation effect）。

　　千禧世代越來越常使用直播串流影片應用程式來分享經驗、訊息並與他們的朋友和社群進行互動，這是透過臉書和推特等串流應用程式實現的。千禧世代仍然是使用主要社交媒體平台的中堅人群。例如，截至 2018 年 1 月，他們是臉書和 Instagram 最大的用戶群（分別占總用戶數的 57% 與 60%）。[53]

　　然而，如果談到與他們最親近的朋友進行溝通的話，那麼社交媒體在大多數千禧世代的年齡段中排名變成最後，

因為所有年齡層的首選是發送簡訊（38.8%）以及面對面交談（23.5%）。唯一的例外是，對於22至30歲的年齡層而言，「面對面交談」的選項排在社交媒體之後，名列第3（見圖22）。

我們應該認清：人與人的當面溝通以及「全通路」（omni-channel）的溝通兩者同等重要，那並不是一種「非此即彼」的選擇。千禧世代與其他幾代人之間的區別在於他們已經習慣了一個「全數位的」（omnidigital）世界。這就意味著，過去我們喜歡親赴一家實體銀行的分支機構和一位擁有專業技能的人員討論事情，但是千禧世代卻可能在複合的數位設備上使用 FaceTime 進行互動。

圖22：你如何和你最親近的朋友進行溝通？（樣本數＝ 20,432）

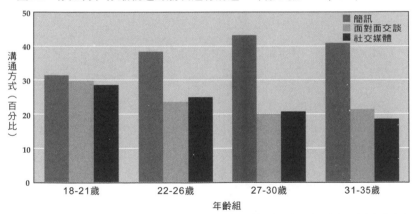

資料來源：2017 年世界經濟論壇全球傑出青年調查報告

隨著高速連線技術的發展，智慧手機和雲端運算變成無處不在，它們正在促成下一代技術的產生，而其中一項便是人工智慧。這種快速成長的技術乃是由 IBM 和微軟等主要全球科技公司以及蘋果、谷歌、亞馬遜和臉書等網際網路公司所帶頭發展的。自然語言處理（natural language processing）使得科技得以理解人類、改變用戶端，同時也改變我們與設備互動的方式。

技術熟練的千禧世代了解這項技術發展的重要性，因此相信下一個重大的技術趨勢將來自人工智慧（28%）、生物科技（11.5%）、機器人（9.3%）和自動駕駛汽車（7.1%）（見圖 23）。這些只是與第四次工業革命相關的幾項關鍵性尖端技術，我將在第十章中詳細介紹。

圖 23：你認為下一波重大的科技趨勢為何？（樣本數＝ 21,115）

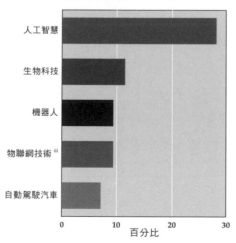

資料來源：2017 年世界經濟論壇全球傑出青年調查報告

在評估這些技術如何使各種產業受益時，千禧世代明確指出教育、醫療保健、製造業和能源是名列前茅的（見圖24）。有趣的是，他們認為金融服務會在這些產業中敬陪末座，然而，它是早期率先採用人工智慧的產業之一。不過，雖說我們體認到這些技術未來對產業具有潛在好處，但我們仍然面臨重大的變革之路，因為許多產業仍在依賴與第三次工業革命相關之技術所帶來的一切好處。（在第八章中，我們將探討阻礙產業發展的因素。）

圖24：在你的國家或地區裡，你認為從採用最新技術中獲益最多的產業為何？（樣本數＝ 21,078）

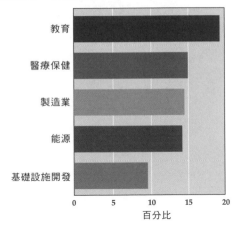

受訪者最多可選3個答案。排名最後的選項包括：農業（7.4%）、政府（6.8%）、金融（5.2%）

資料來源：2017 年世界經濟論壇全球傑出青年調查報告

iii 譯注：物聯網（Internet of Things），縮寫為 IoT，是網際網路、傳統電信網等資訊承載體，讓所有能行使獨立功能的普通物體實現互連互通的網路。其應用領域主要包括：運輸和物流、工業製造、健康醫療、智慧型環境等。

時下有一種流行的恐懼觀點是：人工智慧等新技術會令許多人失業。不過絕大多數的千禧世代的觀點卻相反，因為他們認為新技術能創造就業機會（78.6%），而認為會摧毀就業機會的僅占 21.4%（見圖 25）。由於這一代人具有熟練的技術，因此這種認知並不令人驚訝，不過這確實也凸顯了他們對技術在商界和職場中之作用的樂觀態度。

圖 25：根據你的看法，科技意味著……（樣本數＝ 21,059）

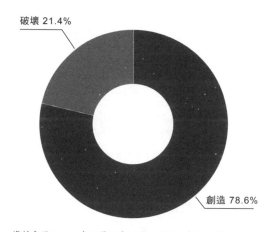

資料來源：2017 年世界經濟論壇全球傑出青年調查報告

　　多年來，科幻小說讓我們的想像充滿了新科技的可能性，其中有許多項已經實現，而許多依然是尚未開發的第六感，例如用新科技來強化人類的生命。我將提出一個問題來為本章畫下句點：你願意（並已準備）接受其中的一些理念嗎？那麼，當被問及自己是否願意在皮下或是大腦

之中被植入可以增強其能力的東西時，44.3% 的千禧世代拒絕了這個主意。然而，有趣的是，30% 的男性願意接受這種植入手術，而女性則只有 17.3%，我們是否找出第一代的採用者了？

> 未來的工廠將只有兩名員工，一個男人和一條狗。男人在那裡負責養狗。狗則負責阻止男人碰觸生產設備。
>
> ——華倫‧G‧貝尼斯（Warren G. Bennis）｜學者、企業組織顧問、作家

本章摘要

- 千禧世代在「行動媒體至上」的世界中長大，這擴大了他們透過智慧手機消費各種服務的期望。

- 對大多數企業組織來說，至關重要的是：理解我們快速變化的行為進而參與行動科技，同時需要調整理解行為和市場區隔的傳統模式。

- 下一代 5G 網路將成為第四次工業革命中許多新興科技的關鍵推動因素。

- 避免產生「自拍壓力」（等待進入內容的時間）現已成為主要的體驗期望。

- 雖然社交媒體是千禧世代主要消費的媒體，但是好友之間的溝通還是以簡訊和面對面的交談為首選。如今我們需要重視全數位意義上的互動，因為這一代已促成「視訊通話」（face-time）的興起。

- 千禧一代認為，下一波重要的科技趨勢將是人工智慧、生物技術、機器人和自動駕駛汽車。

- 他們相信這些技術將最有利於教育、醫療、製造、能源和基礎設施開發產業。

- 在絕大多數的情況下，千禧世代認為科技創造就業機會，而非消滅就業機會。

5

交互信任
數位經濟的可再生能源

全球信任危機的影響是深遠而廣泛的。

——李察‧愛德曼（Richard Edelman）｜愛德曼公關公司總裁兼首席執行長

信任乃是信仰之本，而信仰又與心靈、社會、文化、經濟和科技相關。這就是為什麼要利用這第五章為本書第一部分（青年震盪）和本書第二部分（第四次工業革命）搭起橋梁的原因。我們賴以信任他人、理念以及平台——所謂「信任的三位一體」——的條件已經大幅度擺脫了一種基於階級的、垂直的模式（這種模式掌握在如今不再獲得我們信任之制度的手中），而轉趨於一種民主化的、橫向的模式（這種模式已在全球範圍內以即時速度在社群之間注入信任）。那是我們數位社會、文化和經濟的「可再生能源」，也是與我們生活、工作和娛樂方式交織在一起的科技。

　　在本章中，我借用了拉切爾·博茨曼（Rachel Botsman）在《你能信任誰？》[54] 一書中所提出的前進思想。博茨曼的核心論點是：「對於制度的那種一廂情願的、掌握在少數人手中的、閉門造車式的信任已不符合數位時代所需。」那種信任缺乏透明、造成交易摩擦，此外又與我們對平台的依賴性不一致，還有與透過我們的設備賦予我們個性化的現狀有落差，所以並不適於「零工經濟」。博茨曼建議我們需要轉向更現代的模式。她的觀點是：儘管現有的信任模式存在缺陷，但它不應該被破壞，而是應該加以調整和改變，使其適應我們的數位社會。調整這種情況的時候便是現在，因為它是我們發展數位化下一階段的關鍵推動因素。

　　2017 年，對於 4 類主要機構（企業、政府、非政府組

織和媒體）的信任度都呈下滑局面並已達到全球的危機點。愛德曼公關公司 2017 年針對 28 個國家所做的信任變化研究發現，[55] 超過 33,000 多名受訪者中的大多數（53%）認為那些體系都不適合他們，都是不公平的，並且無法對未來提供什麼期待。[56] 只有 15% 的人認為那些體系是有效的，至於其餘的人則不確定。要是沒有信任，那麼對於那些體系的信仰就會崩解。世人對於社會和經濟問題的憂慮、全球化、創新的進程以及受侵蝕的社會價值正在全世界引起恐慌。

在 17 個國家中，對於媒體的信任減少了 43%，創下歷史新低，而在 14 個國家中，對於政府的信任下降了 41%，成為該研究中 28 個國家中最不獲信任的體系。企業也是嚴重不獲信任的標的（52%），在 18 個國家中呈現下降態勢，不過，也有 75% 的受訪者表示：在那 4 種體系類型中，企業是唯一能夠發揮作用的 （以增加利潤、改善經濟以及社會條件為手段）。在研究對象的每個國家中，首席執行長的可信度在全球的範圍內下降了 12%，達到 37% 的歷史最低點，這標誌著：在此時此刻這個更新的轉捩點上需要引進新的思維和新的領導方式。

若是談到「信任侵蝕」（erosion of trust）現象在我們的數位生活所造成的影響，那麼所有的箭頭都指向同一個方向：危機。無論這是網路攻擊還是經濟損失，所有跡象都促使我們得出同樣的結論。也就是說，正如愛德曼的研

究表明的那樣，我們的數位生活也處於同一個轉捩點。讓我們來看看「資料洩漏」這個其中最重要的指標。

根據全球數位安全解決方案之供應商金雅拓[i]的說法，其「洩漏水準指數」（Breach Level Index）顯示，2017年上半年，全球報告的數據洩露紀錄超過20億筆（見圖26），[57]增長的幅度即已達到驚人的164%。該指數並未呈現受害的全面情況，因為有超過500個的案例包含未知的受害筆數。一些打擊資料洩露的法規，例如2018年開始執行之歐洲的《資料保護通用法規》（General Data Protection Regulation，簡稱GDPR），以及澳大利亞的《隱私法案》（Privacy Act），都強制性規定要通報資料洩露事件。個資盜取占了資料洩露罪的四分之三，比前6個月增加了令人驚訝的49%。英國國民健康署發生的個資盜取舉世皆知，根據報告共損失了2,600萬條紀錄。另一個有名的案例則是與美國共和黨全國委員會簽約的「深根分析公司」（Deep Root Analytics），由該委員會通報有1億9,800萬的紀錄被洩漏。

金融體系是排名第二最常見的攻擊對象，占通報違法案件總數的13%。被盜取之紀錄的數量比起前6個月增加了17%。就產業別而言，醫療保健通報的違規數量最多，占總數的25%。大約有3,100萬條紀錄被盜，比前6個月

---

i 譯注：金雅拓（Gemalto），一家國際數碼安全公司，提供軟體應用程序和個人安全設備的服務。

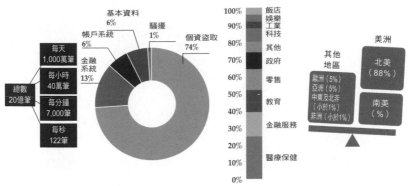

資料來源：金雅拓公司

增加了 423%。雖然醫療保健、金融服務和教育是受影響最大的產業，但該指數強調，所有產業（包括政府機關在內）都越來越容易受到資料洩露的危害。從區域來看，北美的違規案例最多，占全球總數的 88%，較前一年增加了 23%。

這些違規行為對世人的日常生活以及數位生活的方方面面都產生影響，進一步削弱了世人對於保管其個人資料之組織機構的信任。

因此，如果我們問千禧世代：誰應該在使世界變得更美好的這件事上扮演最重要的角色？我們將會得到一個非常有趣的答案。千禧世代認為個人應該扮演著最重要的角色（見圖 27）。這個被賦能的世代並不指望由制度來領導變革，他們指望的是個人。

圖 27：誰應該在使世界變得更美好的一事上扮演最重要的角色？（樣本數＝ 24,272）

資料來源：2017 年世界經濟論壇全球傑出青年調查報告

「愛德曼信任指標」（Edelman Trust Barometer）的研究對於千禧世代有更廣泛的發現。身為普遍接受高等教育的一代，千禧世代認為學術／學校機構最具備公平和誠實的價值觀。教育是除了他們父母之外，對他們最有影響力的因素。他們當中有二分之一的人認為自己的雇主是公平的、誠實的。另外，他們最不信任的是國家政府組織，這反映了他們對政黨以及新聞媒體和宗教機構的懷疑。而對宗教機構的懷疑則因為它們無能處理性侵兒童的問題而引起全世界的關注（見圖 28）。

值得注意的是，銀行在公平和誠實程度的機構整體信任排名上位居倒數第三，只有 28.2%。但是，如果說到保

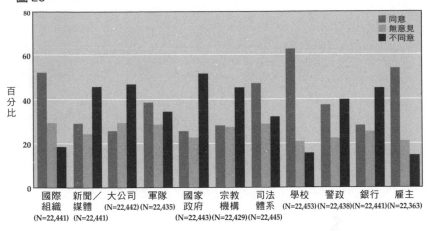

資料來源：2017 年世界經濟論壇全球傑出青年調查報告

護個人隱私和資料安全的情況時，千禧世代最信任的對象就完全不同了。

　　在另外一項針對 10 個國家的 6,000 多名千禧世代所做的研究中，情況是一致的：金融服務（包括銀行和信用卡體系）排名第一，占 43%，而印度和美國的比例最高，都超過 60%（見圖 29）。那麼為什麼千禧世代不相信銀行是公平的、誠實的，可是卻認為它們在保管敏感的個人資料上是值得信任的呢？該研究指出：信任包含許多的面向，它具有高度的支離性，並且高度取決於情境背景。重要的是，這就是傳統階級性的信任模式在數位世界中已不再能滿足我們的原因了。我們需要更透明的、更具協作性質的模式。

圖 29：關於保護個人隱私和資料安全一事，請指出你對下列選項信任的程度。

最有可能相信的組織機構（百分比）
千禧世代

	澳大利亞	加拿大	中國	法國	香港	印度	墨西哥	新加坡	英國	美國	全球平均
銀行	34%	42%	53%	24%	26%	63%	55%	34%	37%	60%	43%
信用卡系統／品牌	27%	31%	44%	23%	18%	60%	56%	30%	35%	54%	38%
政府單位	21%	28%	51%	17%	23%	55%	32%	33%	25%	51%	34%
科技公司	22%	24%	38%	12%	14%	60%	52%	23%	28%	55%	33%
電信供應商	22%	22%	38%	13%	12%	56%	36%	20%	22%	50%	29%
零售商	20%	20%	35%	14%	13%	48%	44%	21%	26%	48%	29%
新的純粹數位銀行／金融科技[ii]	18%	15%	40%	11%	11%	50%	29%	15%	18%	46%	25%
比價網站	18%	14%	31%	12%	10%	46%	32%	18%	23%	47%	25%
新興科技公司	18%	13%	32%	10%	9%	48%	35%	17%	17%	49%	25%
最獲信任的對象	銀行	銀行	銀行	銀行	銀行	銀行	信用卡體系	銀行	銀行	銀行	銀行

資料來源：RFi Intelligence

　　銀行很有可能利用千禧世代託付給它們的個人資料來提高自己作為「最安全之保管者」的信譽。這是銀行所掌握的一個重要機會。隨著我們數位體驗和足跡的激增，個資盜取、欺詐和網路犯罪的風險也隨之上升。但是，銀行還需要與其他生態系統的供應商攜手合作以便贏得信任。

　　說到個人資料，新興科技公司和比價網站以及純粹的數位銀行一樣，據報告都是全球平均以及所有 10 個國家的千禧世代最不信任的對象（低至 25%）。銀行與那些負面選項之間的差距（18%）能為前者提供巨大的利潤空間。然而，信任是容易變質的，隨著網路攻擊和個資盜取的層出不窮，銀行這個窗口可能會隨著時間的推移而受到挑戰。

---

ii 譯注：金融科技（FinTech），係指一群企業運用科技手段使得金融服務變得更有效率，因而形成的一種經濟產業。

千禧世代在數位生活中對於公平和誠實的價值觀以及對於個人資料保護這兩者所表現的信任差異顯示，博茨曼所看出之舊式的階級信任模式（亦即只將信任投注於少數機構組織的模式）已不太可能為數位世界提供足夠的信任重建。

　　現在讓我們看看千禧一代在線上內容方面他們所信任和依賴的來源。我們知道千禧世代關心自己所閱讀的內容，關心它的來源以及它的可靠性和值得信賴的程度。不到三分之一的千禧世代信任新聞／媒體的公平性和誠實性（如圖 29 所示），此一選項遠遠落後於其他 7 種組織機構的類型。在內容的層次上，內容組織者的信譽才是令線上內容成為可信任的主要因素（見圖 30）。

圖 30：是什麼令網路的內容值得信任？（樣本數＝ 20,908）

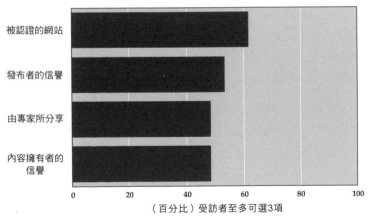

　　　　　　（百分比）受訪者至多可選3項

資料來源：2017 年世界經濟論壇全球傑出青年調查報告

儘管千禧世代普遍使用社交媒體，但是他們當中超過
77%的人並不依賴它作為可靠新聞的來源（見圖31）。這
是另一個需要打破的重要神話。

圖31：我信任我在社交媒體上讀到的新聞。（樣本數＝ 20,441）

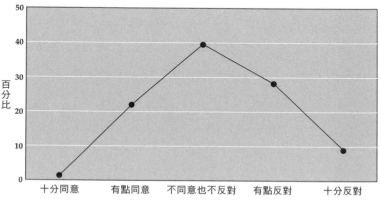

資料來源：2017 年世界經濟論壇全球傑出青年調查報告

　　正如我們在第四章中探討過的，千禧世代占臉書使用
量的57%左右。臉書在2016年時對個人「動態消息演算
法」（news-feed algorithm）進行了更改，它使朋友貼文的
內容優先於傳統媒體管道發布的內容。這從根本上改變了
新聞和作者的多樣性，而這些新聞來自認證過的網站、信
譽良好的發布者以及千禧世代評選出來的專家，因此網際
網路的內容很值得信賴。這種變化的助力無法用「以客戶
為中心」的邏輯來解釋，畢竟臉書用戶的主要動機是社交
脈絡，而非接觸媒體。然而，從商業角度是解釋得通的，

因為 41.4% 的流量都是從臉書轉到各媒體網站的。雖然臉書聲稱自己是一個中立的技術平台，旨在促進人與內容（包括可信任的新聞）之間的聯繫，但很明顯，在考慮「什麼因素使得內容值得信賴」這一問題時，發布者和專家的聲譽是最能影響千禧世代的。新聞／媒體在公平性和誠實度的信任排行榜上名列倒數第三（見圖 28），這突顯了這些組織體系在與千禧世代互動時所面臨的聲譽挑戰。

信譽

　　談到對在線內容的信任時，信譽是千禧世代眼中的一切。信譽對於衡量企業組織客戶關係的忠誠度至關重要。「淨推薦值」[iii] 是一種管理工具，廣泛用於衡量客戶體驗並且預測增長。根據報導，超過三分之二的《財富》雜誌前 1,000 大企業都使用它。[58] 這個指標在進行調查時通常會問一個問題：「從 0 到 10 的範圍內，你有多大可能向朋友或同事推薦該公司的產品或服務？」

　　因此，在過去，取得你的信任推薦是「淨推薦值」支撐其預測方法的邏輯。然而，技術平台已經在全球範圍中

---

iii 譯注：淨推薦值，又稱淨促進者得分（Net Promoter Score，簡稱 NPS），是一種計量某個客戶將會向其他人推薦某個企業或服務可能性的指數。它是最流行的顧客忠誠度分析指標，專注於顧客口碑如何影響企業成長。

大大擴展了我們的信任圈子，進而涵蓋更廣泛的脈絡，如今圈子已經超越朋友以及家人，將陌生人的「按讚」都包括進去。那些是我們不認識的人，但我們還是依靠他們的獨立評論或給分來做出決定。現在我們需要過濾的「噪音」多了不少。

我們經常性地做出這類決定，比方參考評論以決定旅遊的目的地、愛彼迎（Airbnb）的住宿、優步（Uber）的搭乘、新聞、商品和服務等等。雖然我們可能知道某些評論可能被誇大甚至被操弄，但是它們構成了我們做決定時所部分依賴的訊息。別人如何看待產品、服務、組織或個人乃是基於他過去一段時間所累積的經驗或基於其他給出評價的人之聲譽，這構成了衡量可信度的標準。這些平台使得交易雙方負有責任，但也不是絕對可靠。因此，「聲譽」被博茨曼描述為「信任」最親密的搭檔。

然而技術和機器也需要信任和聲譽，特別是時下正被開發或是已經上市的感測器、物品、設備、機器人和自動駕駛車輛如排山倒海般襲來之際。如果你滑下斜坡時卻被腳登滑雪板的機器人超越，你的感受如何？如果它們等電梯時插隊怎麼辦？禮儀禮節是什麼？你如何對待闖入的機器？

你如何看待自動駕駛汽車和自動駕駛飛機載送你和其他乘客上下班這件事？當自動機將你訂的披薩送到家門口時，你如何告訴它缺了大蒜麵包？當你和自動無人機爭論

訂單的內容時，鄰居看在眼裡會怎麼想？吞嚥含有奈米技術的膠囊來進行治療，你感覺怎麼樣？

雖然今天這類場景尚未出現，但是當我們在面對倫理、道德以及其他議題時，將需要考慮信任的各個方面，以及潛在的意外後果。當技術失敗時，我們如何建立、維護以及重新建立對技術的信任呢？這對我們來說並不是什麼新鮮的事。我確信我們每一個人在某個階段都經歷過電腦、汽車、電器、智慧手機、自動櫃員機或其他設備故障的狀況。

我們身為公民，一向依靠政府政策以及認證機構、社群、產業和市場來反映社會的道德和社會價值。我們通常依靠這些實體來建立、監督和管理信任，而且我們在快速變化的世界中將會要求這些實體更多。

我們與科技的關係是異步的（asynchronous）。我們對科技的信任主要集中在它的功能和製造商的聲譽上。

不過現在這種情況正在改變。我們與新興科技正變為同步的（synchronous）關係。我們的信任正在從信任技術和信任製造商執行任務的信譽轉變為信任做出決策並能將其加以落實的人。這些決策將我們的生活置於思考和學習的軟體程式之中。它成為了人工智慧。

我們如何信任技術？

這是我們許多人今天要問的問題，因為像人工智慧等的技術正滲透到我們生活的方方面面。例如，我們每天都會向聊天機器人（Chatbots）詢問訊息或預訂計程車。醫生正在使用這項技術來提升患者的醫療保健品質。畢竟，沒有信任，我們根本就不能正確使用它。

博茨曼的研究表明，部分答案可以用「擬人化」（anthropomorphism）加以解釋，也就是說，讓科技具有近似人類的傾向和優點、情感和外表。研究已經發現，透過語音互動將擬人化特徵包括進去的自動駕駛技術增加了實驗參與者對自動駕駛車輛的信任。早期語音辨識系統和第一代互動技術模糊了人類與非人類之間的界限。研究人員認為，我們有朝擬人化技術發展的傾向，因為我們更有可能信任看起來和聽起來與我們相像的東西。

千禧世代如何看待依靠機器人做決定一事？

這一代人可能在技術上熟練並被賦能，而且對於主要的組織制度缺乏信任感，但是他們當中有一半人不相信機器人能為他們做出決定，但四分之一的人則相信（見圖 32）。

圖 32：我信任機器人為我做的決定。（樣本數＝ 20,962）

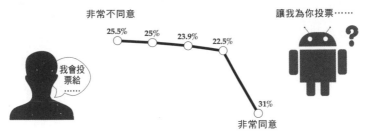

資料來源：2017 年世界經濟論壇全球傑出青年調查報告

分散式信任（Distributed trust）

　　分散式信任被定義為在個人之間橫向流動的信任，且由網路、平台和系統啟動。[59] 分散式信任的基礎是「去中心化」原則，即權威轉移到遠離政府、機構、銀行或企業等核心組織的地方去。它分散功能、權力、人員或是事物，無須經由中介落實信任，而由電腦網絡透過記錄於區塊鏈上的共享帳本來落實信任。該紀錄以數學方法得到印證，因此是不會改變的。如今在我們對機構組織之信任陷入危機的時候，區塊鏈技術以不可思議的方式為用戶提供支持，因此是第四次工業革命中的一項重要新興科技。我將在第十章中再加以詳細介紹。

　　作為一種信任科技，區塊鏈具有提供即時驗證、不可否認性、型態驗證（configuration verification）和風險轉移的功能。例如，區塊鏈可以提供：

- 交易鏈驗證，例如比特幣。
- 國際金融支付的結算或是股票交易。
- 數據流，例如智慧合約（smart contracts）。
- 監管鏈，這在農業和製藥產業中能發揮重大的效用，因為準備工作可以透過「供應鏈圖析」（supply-chain mapping）從供應端一直追蹤到最終的用戶端。

　　區塊鏈也被稱為「價值的網際網路」（internet of value），因為該技術是網際網路上一個非常重要的、具變革性的疊加層，它在許多產業中對價值鏈進行分解、去中介化和非物質化。未來主義者馬克・安德森（Marc Andreessen）稱其為網際網路本身發展以來最重要的技術。[60]

　　我們現在將這些要點統合起來。為了調整信任以便它適用於我們的數位生活，同時調整其覆蓋範圍以便將去中心化和即時方式運作的其他參與者包括進來，這需要將拓撲結構從中心化的、階層式的位置擴展到去中心化的位置。我將此稱為「互連信任」（見圖33），其中參與者或有用資源可以受託在活動所需的同步性內執行信任元素。

圖 33：互連信任

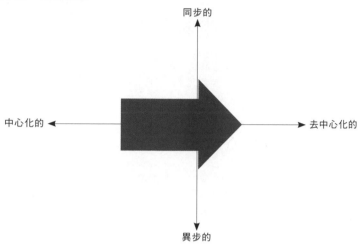

　　對於第四次工業革命所提供的一切，信任是最重要的
促成因素嗎？我們接下來探討一下。

信任比金錢更能讓世界好好運作。[61]

——約瑟夫・斯蒂格利茨（Joseph Stiglitz）

本章摘要

- 信任在全球範圍內處於危機之中，並在 4 類關鍵組織機構中呈下降趨勢：商界、政府、非政府組織和媒體。

- 通報的資料洩露案例主要牽涉我們的身分、醫療保健和財務帳戶。這些違規行為正以急遽的速度增長。

- 世人對社會和經濟顧慮、全球化、創新的步伐和惡化的社會價值觀正在全世界引起恐慌。

- 千禧世代認為令世界變得更美好的事情上，能發揮最大作用的不是機構組織，而是個人。

- 千禧世代認為我們的教育工作者和專家在公平和誠實的關鍵價值上最獲信任。

- 儘管銀行是價值層面上最不值得信賴的機構組織類型之一，但在保護個人資料方面，銀行卻是最受信任的。

- 信譽是網際網路內容可信度最重要的因素。

- 我們與新興科技的關係正在同步化，我們的信任正在從信任技術和信任製造商執行任務的信譽，轉變為信任做出決策並能將其加以落實的人。

- 「分散式信任」以「去中心化」的原則為基礎，即權威轉移到遠離政府、機構、銀行或企業等核心組織的地方去。

- 信任將功能、權力、人員或事物分散開去，而非要求中介者確認信任，因為電腦網絡可以透過記錄於區塊鏈上

的共享帳本確認信任。

- 我們信任人、理念和平台 —— 即所謂「信任的三位一體」—— 的條件已經從以階級為基礎的垂直模式,原本集中在如今我們已失去信任的組織機構手中,大幅度地移轉到民主化的橫向模式,並在全球範圍內以即時速度、對稱影響在社群之間散布信任。

- 更新信任以適應我們數位生活的發展,這需要將拓撲結構擴展到互連模式,以便容納更多在去中心化模式中運作的參與者。

SECTION 2
歡迎來到第四次工業革命

CHAPTER

6

企業以及職場
標的性、包容性、多樣性

我每天都會分析空氣移動、摩擦和速度的二項式水準,並利用餘弦、平方根和解析幾何進行一萬多次的運算。手工計算。

──凱瑟琳・強森(Katherine Johnson,由泰拉姬・漢森〔Taraji Henson〕飾演)│職位名稱:運算師,2016 年電影《關鍵少數》

勞動力如何適應每一次的工業革命?

從本章開始,我們將回顧整個工業革命勞動力市場的歷史,並探究工業革命對產業和工作執行的影響。我們還將介紹 21 世紀最大之尚未開發的商機,意即性別和人口多樣性。

2016 年精彩的電影《關鍵少數》讓我們想起自己在相對較短的時間內走了多遠的路,但是從性別多元化的角度來看,也讓我們知道自己還有多遠的路要走。凱瑟琳‧強森是一位非洲裔的美國數學家,以航空計算的準確性著稱。她在美國太空總署開始負責利用早期電腦進行運算,為美國的航空和太空計畫做出貢獻。凱瑟琳於 1953 年開始與國家航空諮詢委員會(NACA)合作(1958 年起被美國太空總署取代),在一群從事數學運算的女性當中工作。她將那一群的女性稱為「穿裙子的虛擬電腦」。今天,使用記憶體電腦可以在幾毫秒內完成這項耗時的工作。

正如電腦計算改變了手工計算(並使像凱瑟琳這樣的工作變得更容易),數位科技正在改變今天我們的工作方式,並使我們的日常活動更有效率。

如果我們以美國為例,考量技術對第一次、第二次和第三次工業革命的就業生態影響,我們將可看到,雖然這些革命導致了重大的產業轉移,但也創造了大量新的就業機會(見圖 34)。

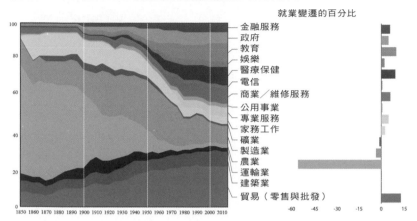

就業變遷的百分比

資料來源：參見《工作的未來對工作、技能和薪資的意義》（*What the future of work will mean for jobs, skills, and wages*），2017 年 11 月，麥健時全球研究院，www.mckinsey.com。©2018 麥健時公司，版權所有。經許可後轉載。

　　第一次工業革命（1700 至 1870 年）是見證農業、製造業和紡織工業機械化的時期。蒸汽動力的發展應用於工廠、航運和鐵路運輸，影響了社會、文化和經濟生活。在那段時間裡，農業、製造業和貿易是在美國投注勞動力的主要產業。

　　第二次工業革命（1870 至 1970 年），也被稱為技術革命，在 19 世紀後半期和 20 世紀初見證了快速工業化的階段。鐵路和電報線的擴展使人們、理念和貿易有了顯著的變化。電力、電信和鋼鐵的革命在貿易業、建築業和大量生產的製造業方面創造了就業機會，同時擴張以服務業為基礎的產業。

在 20 世紀下半葉登場的第三次工業革命（1970 年至今）見證了新能源的出現：核能、太陽能、風能和地熱能。這場革命引發了與電子相關的轉型創新以及微處理器、電信、電腦和生物科技的進步。由於可程式化的邏輯控制器和機器人技術之發明，生產過程中的高級自動化開闢了製造業的就業機會，而資訊科技的發展則擴大了金融服務、教育、醫療保健和貿易領域的就業機會。

在 1850 至 2015 年的 165 年間，美國就業的最重大變化表現在農業、製造業和礦業的重要性下降。但是，所有其他產業的就業機會都出現了增長，特別是貿易、教育、商業和維修服務以及專業服務等方面。歷史確實表明，勞動力市場可以適應顛覆性技術進步對勞動力造成的需求變化。

自動化這新一輪進步的不同之處在於它表現在大多數的知識領域，例如法律、會計和金融服務以及「機器人理財」。我們可以觀察到，從 1970 年開始，這些調整在美國比以往任何時期都更頻繁。

因此，我們需要重新平衡自己對以下列問題的思考：下一次的工業革命會需要哪些新的工作？我們如何在現有工作的技能與時俱進，並且創造新的技能（和工作）以滿足未來的勞動力需求？

正如我們在第四章圖 25 中看到的那樣，絕大多數的千禧世代（78%）認為科技將創造就業機會，那麼我們如何才

能利用這種信心來應對未來的就業呢？不過，我們需要考慮的不僅是勞動力本身，我們還需要重新定義工作性質以及它與報酬的關係。

根據麥肯錫公司（McKinsey）的說法，2030 年將有 8% 至 9% 的勞動力需求將來自以前不存在的新式職業。他們預測，到了 2030 年，由於數位化、自動化和人工智慧技術會顛覆產業生態，因此可能需要重新培訓多達 3 億 7,500 萬名工人（約占全球全部勞動力的 14%）。他們預測，如果有足夠的經濟增長和投資，就會有足夠的新工作來補足那些受自動化影響的工作。他們的分析強調，60% 的現有職業中已有超過 30% 活動可以在技術上被自動化，這說明自動化對現存職業的廣泛影響（見圖 35）。[62]

凱瑟琳‧強森的卓越生涯以及她對社會、科學和演算技術的貢獻使她在 2015 年獲得了美國總統自由勳章。我們可以從她的經驗中獲得的一個重要教訓是，儘管電腦運算的導入改變了手工計算，她能調適並開始直接與電腦合作。她的故事精神反映了人類的適應能力，以及增強顛覆性技術的進步。

與每次工業革命一樣，顛覆性的新興科技會淘汰一些工作（因為在那其中，例行性和重複性的任務都被機械化了），但是也創造了許多新的工作，將人力資本轉移到具有更高附加價值的活動。技術革命的廣泛革新創造出 1970 年以前不存在的新興產業和就業機會。

圖 35：自動化及其對勞動力的衝擊

技術自動化潛能	目前工作活動中如果採用現有已獲論證的科技，那麼有半數是可被自動化的			60%的現有職業中已有超過30%活動可以在技術上被自動化	
2030年採用自動化的影響	採用自動化後可能被取代的工作（工作人數占比，FTEs*）	**最慢** 0%（1,000萬）	**中等** 15%（4億）	**最快** 30%（8億）	
	可能需要改變職業類別的勞動力**（工作人數占比，FTEs）	**最慢** 0%（<1,000萬）	**中等** 3%（7,500萬）	**最快** 14%（3億7,500萬）	
2030年，7種選擇趨勢對工作需求的影響***	趨勢要求（工作人數占比，FTEs）	**低** 15%（3億9,000萬）		**高** 22%（5億9,000萬）	
	上升要求（工作人數占比，FTEs）	5%（1億6,500萬）		11%（3億）	
	總計（工作人數占比，FTEs）	21%（5億5,500萬）		33%（8億9,000萬）	
	此外，在2030年16億6,000萬的勞動力中，將有8%至9%是新式職業****				

* 全職人力工時

** 勞動力要求方案趨勢線

*** 收入增加；老化的醫療保健；對科技、基礎設施和建築物的投資；能源轉換；無償工作的市場化。並非詳盡資料。

**** 參見 Jeffreyy Lin, "Technological adaptation, cities and work", *Review of Economics and Statistics*, Volume 93, Number 2, 2011.

資料來源：參見《工作的未來對工作、技能和薪資的意義》，2017 年 11 月，麥健時全球研究院，www.mckinsey.com。©2018 麥健時公司，版權所有。經許可後轉載。

因為第四次工業革命依靠知識運作，我們在培訓和教育方面需要同時進行革命。在這方面，政府和企業必須結合起來，為工人提供參與數位經濟所需的技能和資格。

——周・凱瑟（Joe Kaeser）｜西門子股份公司總裁兼首席執行長

那麼，影響千禧世代選擇職涯或就業的因素是什麼？在考慮就業機會時，最重要的 3 個標準是薪資／金錢報酬、目標意識／對社會影響以及成長／職涯發展（見圖 36）。

**圖36：在考慮工作機會時，你最重要的標準是什麼？（百分比）
（樣本數 ＝ 20,070）**

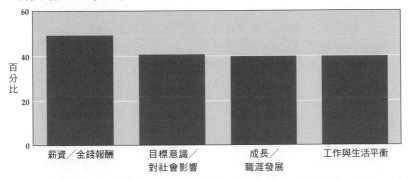

受訪者至多可選擇3個答案。其他選項依序是：靈活度／自主性（28.1%）、公司文化／
同事素質（26%）

資料來源：2017年世界經濟論壇全球傑出青年調查報告
（本圖已取得使用授權）

　　正如我們在第三章所討論的那樣，千禧世代對於企業
組織作為積極變革力量的期待與他們對企業組織當前表現
的認知之間存在顯著的、不斷擴大的差距。這可以解釋為
何千禧世代會被具轉型目的之新興企業組織所吸引。表A
列出了此類企業組織的例子：

表A

企業組織	重大轉型目的
谷歌	「組織世界資訊。」
奇點大學	「正面影響10億人口。」
優步	「讓運輸如自來水一樣可靠，隨處可見。」
螞蟻金服	「透過技術轉移與當地合作夥伴合作，使服務更加容易。」
亞馬遜	「地表上最以客戶為尊的公司，客戶可以在這裡找到最低價格。」

我們是先鋒

我們是一個開拓者的公司。我們的工作是大膽下注,我們藉著為客戶著想的發明來獲取能量。對於今天的開拓者來說,這就是為什麼沒有人寧願去地表上其他地方的原因了。

——亞馬遜

千禧世代將工作視為生活的一部分,而不是分開的東西。工作與他們的自我認同交織在一起。這是他們與較老世代的人很不同的地方,因為後者會將他們的生活劃出區塊:「我的家在這裡,我的職場生涯在那裡,我的社交生活則在空中。」例如,42.1% 的千禧世代希望確保工作/生活的平衡應該是雇主責任的一部分(見圖 37)。

圖37:以下哪種描述最接近你對工作/生活平衡的態度?(百分比)(樣本數＝ 20,034)

1. 確保工作和生活間的平衡
   應該是雇主責任的一部分。 42.1%

2. 我願意犧牲工作和薪水來享受生活。
   16.2%

3. 我寧可儘量投入工作,以後再找平衡。
   15%

資料來源:2017 年世界經濟論壇全球傑出青年調查報告

有趣的是，年齡在 31 至 35 歲之間（18.5%）以及 18 至 24 歲之間（13.4%）的人在回答「我願意犧牲工作和薪水來享受生活」的問題時出現了年齡層的差異。至於「我寧可儘量投入工作，以後再找平衡」的問題也有年齡層的差異，只是出現反轉的情況，年齡在 31 至 35 歲之間是 12.2%，而 18 至 24 歲之間則是 17.5%。

　　千禧世代與之前幾個世代的人不同，因為對於後者而言，住所附近才是鄰居，而對前者來說，整個世界就是鄰居。身為有史以來最多元化的一代，他們享受多元文化主義所提供的文化豐富性。這直接轉化為他們對職業的看法。身為一個真正全球化的世代，他們願意在本國以外地區工作的比例是驚人的 83%（見圖 38）。

圖 38：你是否願意到國外尋找工作或是晉升職業生涯？（樣本數 = 20,049）

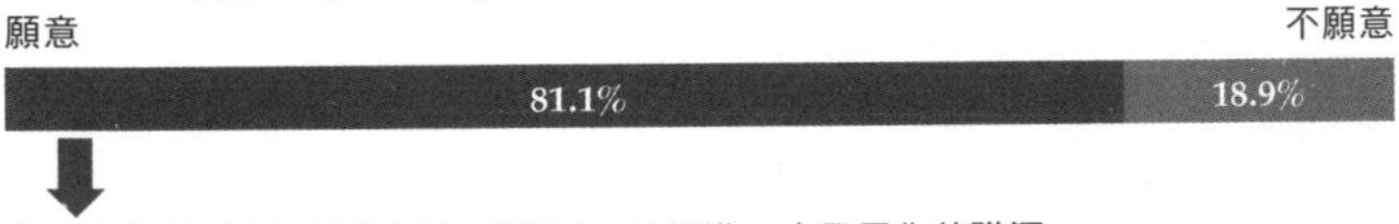

願意	不願意
81.1%	18.9%

請列出你最希望居住的國家／地區，以便進一步發展你的職涯。

（樣本數 =15,539）

1. 美國（18.2%）
2. 加拿大（12.4%）
3. 英國（9.6%）
4. 德國（8.2%）
5. 澳大利亞（5%）
6. 瑞士（4.1%）
7. 法國（3.8%）
8. 西班牙（3.6%）
9. 瑞典（2.4%）
10. 荷蘭（2.3%）

資料來源：2017 年世界經濟論壇全球傑出青年調查報告

國家、產業和企業組織如何發展其人力資本可能是其長期成功的一個更重要關鍵因素，而且其重要性幾乎勝過其他任何因素。吸引、留住並增加千禧世代人力資本的能力極為重要，因為他們願意去國外發展自己的事業。

全球人才競爭力指數（GTCI）在其 2018 年的年度研究中列出全球 119 個國家和 90 個城市在增加、吸引和留住人才之能力上的排行榜。[63] 該研究發現各國正爭相培養更好的人才，吸引自己所需要的人才並留住那些有助於提升競爭力、創新力和發展力的人員。此外，各國都在尋求制定經濟和社會政策以加快此一趨勢。人才競爭力排名前 10 的國家是瑞士、新加坡、美國、挪威、瑞典、芬蘭、丹麥、英國、荷蘭和盧森堡。排名前 10 的城市分別是蘇黎世、斯德哥爾摩、奧斯陸、哥本哈根、赫爾辛基、華盛頓特區、都柏林、舊金山、巴黎和布魯塞爾。這些國家和城市完全符合千禧世代對其職涯發展的渴望。

科技並不是千禧世代絕大多數人認為會創造就業機會的唯一因素。企業也可以發揮重要作用的角色。企業對社會最重要的貢獻就是「創造就業機會」（30.5%）、「改善生計」（20.7%）和「促進經濟」（14.6%）（見圖 39）。

這反映出對公司參與並解決社會和環境問題的期望。事實上，66% 的人不同意「公司不應參與解決與其商業活動無關的社會問題」的說法，這與年輕人在工作中尋求意義和目的的遠見有關。

資料來源：2017 年世界經濟論壇全球傑出青年調查報告

　　那麼，企業該如何做才能在工作場所創造一種對青年友好的文化呢？ 正如第三章所述（見圖 15），千禧世代認為他們對企業組織的策略走向影響最小，因此將其視為替企業組織的願景和策略做出貢獻的最大機會（見圖 40）。

　　這個受過高等教育的、上網的、受價值觀驅動的一代可能會對他們有興趣任職的企業組織進行調查，態度也許比企業組織調查他們更加認真。企業組織的聲譽在他們的考量中至關重要，特別在是否對社會負責這一方面。他們會利用各種公開資訊進行評估（見圖 41）。重要的是，正如第五章所討論的那樣，他們將依賴獨立的、有信譽的機構作為該訊息的源頭。

圖 40：你如何認定一間公司可靠與否？（樣本數＝ 19,826）

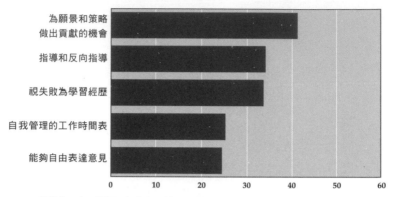

受訪者至多可選擇 3 個答案。其他選項依序是：聘請年輕董事會成員（22.5%）、
分配時間給個人專案（17.7%）

資料來源：2017 年世界經濟論壇全球傑出青年調查報告

圖 41：你如何認定一間公司可靠與否？（樣本數＝ 19,826）

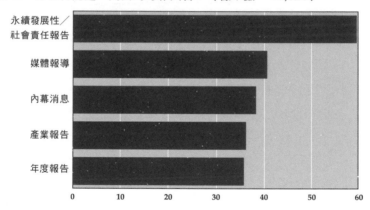

受訪者至多可不限數目選擇適合的答案。其他選項依序是：網上評論文章（30.7%）、
朋友／網路（26.9%）

資料來源：2017 年世界經濟論壇全球傑出青年調查報告

性別多樣性

關於性別多樣性如何促進社會發展的論點有許多，但是最合理的那一個相當簡單。如果沒有多樣性和包容性，企業組織就會表現不佳，而且終將失敗，因為它們無法優化、發揮女性的人力資本。企業組織的性別多樣性越多，它所帶來的利潤就越多。事情就那麼簡單。

性別不平等在全球範圍內都是一個道德、社會和經濟方面的主要難題。千禧世代在數位、賦能和包容方面茁壯成長，所以將是第一代糾正這不平等問題的人（之前幾代的人不曾或不願意解決這個問題）。但是我得聲明一點：我確實承認其他世代中也有帶頭努力做出巨大改變的人。感謝你們的勇氣和領導能力。雖然近年來女性在世界許多地方出任領導者的情況已取得了進步，但她們還遠遠未能實現平等。

如果不考慮性別平等給第四次工業革命帶來的巨大機遇，我們就無法反思過去三次工業革命。女性占世界人口和勞動力的一半，但她們沒有充分發揮其經濟潛力。正如我先前所討論的那樣，世界只發展了 62% 的人力資本，還有 38% 未獲充分利用，這其中很大一部分便是女性。根據麥健時公司的一份報告，到了 2025 年，性別平等可能會使全球的國內生產毛額增加 12 兆美元或 11%。[64] 在最樂觀的情況下，到了 2025 年，這個數字可能達到 28 兆美元，占

全球之國內生產毛額的 26%。然而現在全球提供應付這項挑戰的舉措並不多。

　　根據麥健時公司對 17 個國家的分析，目前女性勞動力占全球國內生產毛額的 37% 左右，遠低於其 50% 的人口比例。在評估每個工人的國內生產毛額貢獻時，女性在教育和醫療保健等低生產率產業中的比例也出奇地高（見圖 42）。婦女往往集中在服務類產業，而不是工業，而工業的平均產值是比較高的。

圖 42：女性勞動力在產業中的比重 *

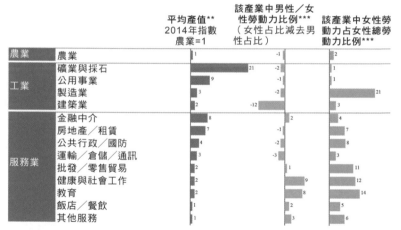

		平均產值** 2014年指數 農業=1	該產業中男性／女性勞動力比例*** （女性占比減去男性占比）	該產業中女性勞動力占女性總勞動力比例***
農業	農業	1	-1	2
工業	礦業與採石	21	-2	1
	公用事業	9	-1	1
	製造業	3	-2	21
	建築業	2	-12	3
服務業	金融中介	8	2	4
	房地產／租賃	7	-1	7
	公共行政／國防	4	-2	8
	運輸／倉儲／通訊	3	-3	3
	批發／零售貿易	2	1	11
	健康與社會工作	2	9	12
	教育	2	8	14
	飯店／餐飲	1	2	5
	其他服務	1	3	6

* 澳大利亞、巴西、加拿大、中國、義大利、日本、墨西哥、荷蘭、俄羅斯、沙烏地阿拉伯、南韓、西班牙、瑞典、土耳其、美國

** 樣本平均值

*** 加權平均值

資料來源：參見《提升女性平等如何能為全球多賺 12 兆美元》（*How advancing women's equality can add $12 trillion to global growth*），2017 年 9 月，麥健時全球研究院，www.mckinsey.com。©2018 麥健時公司，版權所有。經許可後轉載。

領導力是個關鍵，特別是性別多元化的領導力。另一項由彼得森國際經濟研究所（The Peterson Institute for International Economics and EY）針對 91 個國家所做的重要研究在分析了 21,980 家上市公司之後表示：[65] 擁有 30% 女性領導者的企業組織可以將淨利潤率提高 6%。該研究表明，雖然增加董事會女性成員和女性首席執行長的人數非常重要，但增加女性「C 型雇員」[i] 的數量可能會使利潤更多。儘管女性「C 型雇員」與經濟表現之間存在正相關，但是該研究揭示了需要改變的幅度有多大。例如：

- 全球三分之一的公司在董事會或高階管理職位上都沒有女性
- 60% 沒有女性董事會成員
- 50% 沒有女性高階管理主管
- 僅 5% 有女性首席執行長（CEO）

　　從行業別的層面看，管理階層中女性的集中程度差異很大。澳大利亞政府職場性別平等局 2017 年的一項研究發現，[66] 19 個行業中只有 7 個行業至少有 40% 的女性管理幹部。研究表明，婦女最集中的產業是醫療保健和社會援助，

---

i 譯注：C 型雇員（C-Suite），例如 CEO、CIO、CTO 等每個主管都是以 C 開頭，所以 C-Suite 就是最高管理層的意思。

而建築和礦業的人數最少（見圖 43）。當我們分析這些產業中婦女的比例以及身為管理階層之婦女的相應比例時，發現其間存在重大差距，特別是在以下幾項：農業、林業和漁業（19.4%）、金融和保險（16.9%）以及藝術和娛樂（14.7%）。

圖 43：澳大利亞工業界女性雇員比例和女性在管理階層中的比例

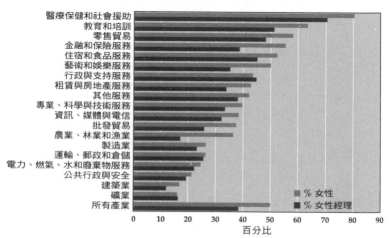

資料來源：職場性別平等局（Workplace Gender Equality Agency）
經許可後轉載

那麼如何增加女性的參與呢？德勤公司在 2017 年的研究顯示，[67] 多元化和包容性已成為 CEO 級別的優先事項，越來越多的高階管理階層將多元化和包容性視為為首要任務。

企業透明度的提高，加上社群和利益相關者的意識，在在使許多企業組織多樣性和包容性的作為受到關注，提

升其對品牌、績效和員工敬業度的優先重視。投資者現在開始習慣看到越來越多的研究，這些研究證明多元化和包容性如何成為組織績效的主要指標。

正在執行多元化和包容性之強大人力資本策略的公司，其表現優於同行，而且每位員工的收入增加高達30%，比競爭對手擁有更高的盈利能力。[68] 雖然有關消除偏見等主題的培訓計畫很有幫助，但是介入措施和結構變革對於加速變革也很重要。經過度量的事能被正確執行，因此，透過關鍵目標和領導責任來增加對度量的關注，這是進步之企業組織政策調整的方向。在像澳大利亞這樣的國家，維多利亞州政府正在嘗試以盲測方式刪除求職者所有的個人資訊，以便消除所有偏見。[69]

其他企業組織則正採取以資料分析為取向的方法，比較性別的工作類別，找出平等或不平等之處，並公開宣布其調查成效。具領先地位的公用事業「澳大利亞能源公司」（Energy Australia）宣布，與男性從事同一份工作的女性報酬同於男性。該公司宣布將花費 120 萬澳元來彌補 350 名女性員工的薪酬差距，因為這些女性在從事與男性同樣的工作時薪酬低於男性。總經理凱瑟琳・坦納（Catherine Tanna）說：「我很高興宣布，澳大利亞能源公司在今年 2018 年正在彌補這一差距……但我也要說聲抱歉，我們花了這麼長的時間，澳大利亞能源公司的女性不得不等這麼久。」[70] 坦納女士表示，她希望公司的舉動能為其他雇主樹

立良好榜樣。

對於千禧世代而言，多樣性和包容性是關鍵因素，可以幫助他們決定哪些企業組織的價值觀和信念符合他們的標準，以及他們將不會為哪些企業組織效命。對他們而言，企業組織多元化和包容性的績效表明它的文化提倡創新、參與和團隊合作，以及尊重、誠信和責任等價值觀。他們通常會比較一家公司上述的價值觀及其多樣性和包容性的指標，然後決定是否投效或離開這家公司。我們可能看到千禧世代出現更多雙薪家庭，其中雙方都希望得到平等待遇和薪酬。

根據德勤公司的研究，[71] 千禧世代所定義的職場包容性與多樣性與其他世代相比存在顯著差距。對於千禧世代來說，包容意味著一種合作環境，它重視不同理念和觀點之個人的公開參與，並且重視他們人格和行為的獨特要素。這與非千禧世代的人形成對比，因為後者將其定義為代表與同化（見表 B）。

千禧世代定義的多樣性則表現個體獨特經驗、身分認同、理念和觀點的綜合面上。相較之下，非千禧世代則在人口統計、機會均等、代表性和可識別特徵方面定義多樣性（見表 C）。

表B：「包容性」的定義

千禧世代	非千禧世代
28%更可能將重點放在業務的影響。	28%更可能將重點放在機會的公平性上。
71%更可能將重點放在團隊合作。	31%更可能將重點放在平等上。
22%更可能將重點放在連結的文化上。	26%更可能將重點在整合上。
	28%更可能將重點放在接納和容忍上。

資料來源：德勤公司

表C：「多樣性」的定義

千禧世代	非千禧世代
32%更可能將重點放在尊重身分認同上。	21%更可能將重點放在代表性上。
35%更可能將重點放在獨特經驗上。	19%更可能將重點放在宗教和人口統計上。
29%更可能將重點放在理念、意見和思想上。	25%更可能將重點放在平等上。

資料來源：德勤公司

　　包容性會影響參與度，這事並不令人意外。例如，該研究表明，當千禧世代認為企業組織培養出一種包容性文化時，83% 的人會積極參與；但當千禧世代認為企業組織無法培養出一種包容性文化時，只有 60% 的人願意積極參與。如第一章所述，千禧世代並非從自私的角度定義賦能，而是將它視為賦予他人成功的能力。在包容性的文

化中，他們顯示出高得多的賦能水準（76%）。在第三章中，我還概述了千禧世代的工作如何與自己的生活交織在一起，因此千禧世代在包容性的文化中運作時，其真實性（authenticity）的水準顯著提高到 81%，反之，如果不在包容性的文化中運作時，則減至 59%。

青年失業

與千禧世代有關之多樣性的另一個主要方面是他們的勞動力參與。當我們比較經濟合作與發展組織會員國時，看到在 2007 年金融危機發生前（2000 年）與 2016 年相比失業率是比較高的（見圖 44）。[72] 雖然經濟合作與發展組織會員國的平均比率表明，與危機前低點相比，青年失業率上升不到 4%，但在 2000 至 2008 年期間，義大利、西班牙和希臘的青年失業率從 15% 增加到 30%，翻了一倍多。在英國，2016 年青年失業率為 9%，與 2000 年相比基本持平。

由於失業率在人們離開勞動力市場時會出現波動，因此包括就業或失業在內的參與率是衡量千禧世代在勞動力市場活躍程度的重要指標。

在圖 45 中我們可以看到冰島這樣的國家和圖中另一端之義大利的千禧世代在勞動參與率上面明顯差異，因為前者高達 80%，而後者低至 40%。該分析還強調了青年失業率上升和勞動參與率下降的國家之間的相關性。

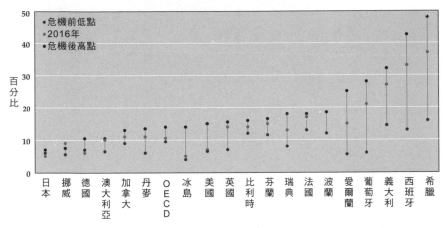

圖 44：青年（15 至 30 歲）失業率（2000 至 2016 年）

資料來源：決議基金會（the Resolution Foundation），©OECD
經許可後轉載

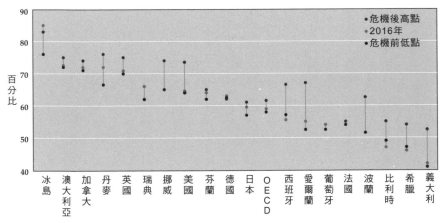

圖 45：青年（15 至 30 歲）勞動市場參與率（2000 至 2016 年）

資料來源：決議基金會，©OECD
經許可後轉載

在本章中，我分析了人力資本在過去三次工業革命中的適應能力，並且改變了我們的思路，使我們考慮需要重新調配或發展的技能，以確保我們滿足新經濟現實的要求。

目標對於千禧世代至關重要，不僅是為了價值觀的一致性，而且因為他們看到自己在生活中所做的事與自己的身分交織在一起，同時他們也願意將眼光投向國外以便追求這個目標。

因此，對這一世代而言，勞動競爭不再是國內問題，而是全球問題。一般都嚴重低估了企業組織中性別和人員多樣性及包容性人力資本可能發揮的作用。當我們知道擁有 30% 女性領導者的企業組織可以將淨利潤率提高 6%，而證據卻顯示全球有三分之一的公司在董事會或 C 型職位上都還沒有女性參與時，我們怎能聲稱已經將第三次工業革命所提供的一切予以最大化了？在全球範圍內，到了 2025 年，性別多樣性有可能增加 12 至 28 兆美元的產值，將占全球國內生產毛額的 11% 至 25%。然而現在並沒有太多舉措可以應對這種全球性的挑戰。

美國太空總署「蘭利研究中心」（Langley Research Centre）的艾爾‧哈里森（Al Harrison，由凱文‧科斯特納〔Kevin Costner〕飾演）和其他人基於信念攜手打破了種族和性別不平等和包容性的障礙，從而使凱瑟琳‧強森鼓起她的勇氣發揮長才。縮小差距需要有人領導。

當我們談論女權主義（表達平等的另一種形式）和女性權利時，我們實際上是在向男性喊話，我們希望他們認清女性應該被接納的事實。

　　——馬拉拉．優素福扎伊（Malala Yousafzai）｜最年輕的諾貝爾獎得主

本章摘要

- 歷史證明，勞動力市場已經適應了第一次、第二次和第三次工業革命中發生的顛覆性改變。現在問題應該集中在第四次工業革命需要什麼樣的新工作，以及我們如何重新培訓必要的勞動力來滿足需求。

- 到 2030 年，預計大約 14% 的全球勞動力（約 3 億 7,500 萬名工人）將被要求重新培訓。

- 我們需要重新平衡我們的思維以檢驗未來需要哪些新的技能，還有我們應該如何重新培訓多餘的勞動力並創造新的就業機會。

- 在考慮就業機會時，除了薪資和金錢補償之外，千禧世代在決定為誰工作時，「目標感、對社會影響和職涯進步發展」將被它們視為關鍵因素。

- 身為真正的全球世代，千禧世代當中有 81% 的人願意移居國外，以求開展職業生涯，而美國、加拿大、英國、德國和澳大利亞成為 5 大理想目的地之一。

- 千禧世代認為創造就業機會是企業可以為社會做出的最重要貢獻，讓他們參與擘劃企業組織的願景和策略則是營造青年友善文化的最重要方式。

- 千禧世代在他們的工作中尋求意義和目的，66% 的人不同意「公司不應參與解決與其業務活動無關的社會問題」的說法。

- 組織的聲譽及其社會責任將是影響千禧世代選擇雇主的

關鍵因素。

- 如果無法優化女性人力資本，如果沒有多樣性和包容性，企業組織就會表現不佳並且最終走向失敗。一個企業組織的性別多樣性越高，它所帶來的利潤就越多。

- 在全球範圍內，到 2025 年，性別多樣性有可能增加 12 兆至 28 兆美元，占全球國內生產毛額的 11% 至 26%。

- 青年失業是另一項重大的全球性挑戰。青年失業率上升和參與率下降的國家彼此之間存在關聯性。

- 對於千禧世代而言，包容性意味著一種合作環境，它重視不同理念和觀點之個人的公開參與，並且重視他們人格和行為的獨特要素。

- 千禧世代定義的多樣性則表現個體獨特經驗、身分認同、理念和觀點的綜合面上。

- 包容性影響投入程度的深淺。如果千禧世代認為企業組織培養了包容性文化，那麼他們就會積極參與該企業組織。

- 在包容性文化中效力時，千禧世代感覺真實性水準顯著提高（81%）。

7

從青年危機到重返青春

我們來這裡是為了享樂，長期享樂

如果我相信自己做得到，那麼必然會有能力做到，只是一開始
時也許還沒這能力。

——柏拉圖（Plato）｜《共和國》

我們所擁有的最寶貴、最不可替代的資源就是時間，而且這種資源因預期壽命的延長而增加。在過去的二百年中，每過 10 年人類的預期壽命就增加 2 歲。[73] 從 1840 年以來，這一增長過程呈現的是線性軌跡。

成為一名百歲老人是一種非常特殊的經歷。如今只有不到 1% 的人出生在 100 年前。但是，現在在已開發國家出生的孩子有超過 50% 的機會活到 105 歲以後。如果你是 20 歲的千禧世代，你有 50% 的機會活到 100 歲或更長。千禧世代所掌握的這種最稀罕的資源（時間）比任何其他一個世代的人都多。我們現在不僅需要考慮變革的步伐，而且重要的是，還要注意長壽將會如何影響社會、經濟、商界和產業，因為今天這種情況已開始發生了。

我們在本章中要探究的關鍵問題是：千禧世代將如何安排這些多出來的時間？

在本章中，我將援引琳達・葛拉東（Lynda Gratton）和安德魯・史考特（Andrew Scott）著作《百歲人生：長壽時代的生活和工作》[74] 中的精闢見解（該書於 2016 年入圍年度商業類書籍），同時探討長壽現象如何影響千禧世代面對生活的方式。

20 世紀的時間結構如何？

在過去，我們的生活主要是圍繞三階段的線性模式開

展的。首先是每一代差異都很大的教育階段；然後進入勞動力市場，而且，直到 1980 年代，我們都期望能終身就業（通常任職於同一個企業組織）；最後就是退休階段。隨著人口的老化，今天許多政府和公民都意識到這種模式不會再持續下去。

由於一系列原因，其中包括長壽、對更多勞動力的需求、流動性和全球化，上述模式已經失去了它的實用性。為了維持這種線性模式，唯一的選擇就是讓人們工作更長的時間、保有更多的儲蓄或過著較低品質的退休生活。這就是為什麼我們需要以不同的方式思考如何建構時間，思考工作的定義以及工作與報酬的關係。今天的領導者需要努力想出一套論述（也許長篇大論且會令人不安），以便為千禧世界可行的模式鋪路。

重要的一點是：不要將延遲生命的主要階段與缺乏欲望混為一談。與時下流行的看法正好相反，延遲婚姻、購屋或是比前幾代人較晚開始家庭生活並不意味著千禧世代對於這些生活大事不感興趣。事實上，史丹福長壽研究中心（Stanford Centre on Longevity）對年齡在 25 至 75 歲之間的 1,716 人所做的研究發現，[75] 在美國，過去邁入這些生命里程碑的理想時間點在幾代人之間保持相對的一致性（見圖 46），但如今所有世代的這些時間點都已連續向後延。儘管千禧世代最不可能實現這些里程碑，但該研究發現他們的理想是在 27 歲前結婚、28 歲前購屋，並在 29 歲前生兒

育女。如第二章所述，在美國、英國和澳大利亞等國家，學貸債務對這些生命階段產生了重大的影響，導致其延期。

圖 46：美國人在理想年紀前達成生命里程碑（百分比）

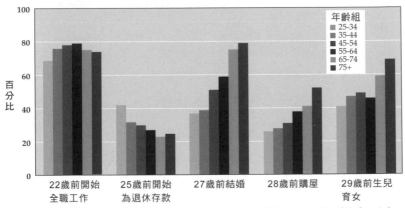

資料來源：史丹福大學長壽研究中心
經許可後轉載

　　由於預期壽命的增長，教育、就業和退休的三階段模式根本不適合千禧世代的未來，也不適合繼千禧世代之後出現的世代。與此同時，正如我將在第八章中進一步闡述的那樣，企業組織甚至產業的壽命則正在迅速下降。據報導，《財富》前 500 強企業的平均壽命從 1920 年代的 60 年下降到今天的 15 年。預計目前《財富》前 500 強企業中有 40% 將無法存活超過 10 年。[76] 研究人員預測這些調整已有一段時間。這一代的「靈活性」和企業組織的「敏捷度」對於這些過渡階段的轉變至關重要。這裡的關鍵點是：過

去不能成為未來就業的可靠預測指標。

　　這些多餘時間的重要性可從下面這數據中看出：今天，經濟合作暨發展組織會員國嬰兒出生時的預期壽命平均超過 80 歲（自 1970 年以來已增加超過 10 歲）（見圖 47）。[77]

圖 47：1970 年及 2015 年（或最接近的一年）出生人口的預期壽命

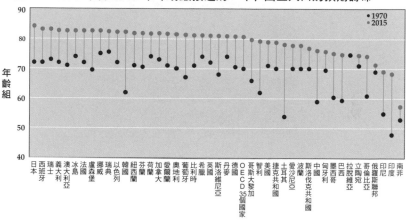

資料來源：經濟合作暨發展組織
經許可後轉載

　　根據經濟合作暨發展組織的報告，近幾十年來，較健康的生活方式、更高的收入和更好的教育促使了預期壽命的增長。一項針對 35 個經濟合作暨發展組織會員國所進行的研究預測：藉著保健支出增加一倍、收入增加一倍、達到 100% 的高等教育普及率、減少吸菸和飲酒量等方式，預期壽命大約可以增長 8 年（見圖 48）。這說明了政府和公民所面臨之經濟可持續性的困境，因為一些關鍵性的服務需

要 2.5 倍的公共、私人或混合投資，才支撐得起 100 歲的預期壽命。

圖 48：預期壽命預測增長月數（根據對經濟合作暨發展組織 35 個會員國的分析，1995 至 2015 年）

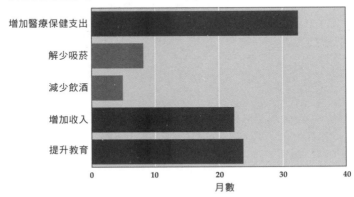

資料來源：經濟合作暨發展組織
經許可後轉載

　　因為預期壽命上升，加上大多數經濟合作暨發展組織會員國的出生率下降，於是開創出扶老比（即退休年齡人口占就業年齡人口的百分比）偏高的情況。在接下來的 50 年中，預計世界平均扶老比將翻一倍（見圖 49），這將顯著影響政府在衛生、教育、就業和福利／養老金領域所需的投資，其金額相對於國內生產毛額的比率亦大幅攀升。

　　例如，這一增長在澳大利亞的情況估計為：1990 年占國內生產毛額的 21%，到 2051 年增加到 24%。[78] 經濟合作暨發展組織各國政府因此在 2010 至 2050 年之間提高了男

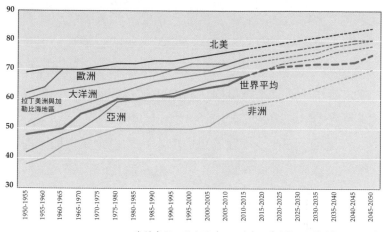

圖 49：世界及各地區新生兒的預期壽命（1950 至 2050 年）

資料來源：聯合國（2015 年），《世界人口展望》：2015 年

女性的退休年齡。[79] 這給政府造成了嚴峻的政策挑戰，因為它們必須設法調和具影響力之老年選民與千禧世代選民間的利益。

　　我應該強調，人口老化不僅給政府和企業帶來政策挑戰，但是也創造了巨大的契機，畢竟老年人是一項珍貴的資產，是豐富之知識、經驗和技能的寶庫，這在經濟上、社會上、文化上對群體的價值是不可估量的。

21 世紀可能如何建構時間？

通往成功的道路並非直線，我也不例外。

——艾爾頓・強爵士（Sir Elton John）｜音樂家與水晶獎得主

我們的生活將需要從根本上重新設計，如此才能具備適應百歲的生活的多層次格局。藉著「延長職場生涯」來分配上述剩餘時間的辦法過於簡單，同時也不是一個合理的（或理想的）解決方案。這並不符合現在這個變化步伐越來越快，而且不再呈線性發展的世界。此外，它也沒有考慮我們如何將時間分配給休閒和家庭生活。

　　變得「敏捷」不應該只局限於我們在企業組織中的表現，這種「具彈性的敏捷」可能也應該是我們個人生活的方式。我們正在千禧世代的身上中見證了這一點，因為他們正讓自己生活的選擇性保持開放：過渡到大學生活之前先空出一年、畢業後先出國旅遊再踏入職場、從單身生活邁入家庭生活之前先追求其他生活方式。這些都是他們的實驗階段。

　　正如葛拉東和史考特在他們的書《百歲生活》中所建議的那樣，開創新的生活階段需先有所投資，例如改變身分認同以承擔新的角色，例如發展不同的生活方式或是新的技能。我們可能會從與年齡相關的生命階段轉移到與年齡無關的階段。28 歲的莎莉・懷特（Sally White）在 2017年 TED 大會的演講〈青年危機：定義千禧世代的成功〉中極詳細闡述了這兩種模式之間的錯位關係，以及其對期望和「成功」概念的影響（見下文有關莎莉的故事）。[80] 倫敦大學將青年危機定義為「不再被需要之生命結構（但還不被視為變革的現實目標）中的一個或一系列的投入」。

根據報導，英國多達 60% 的千禧世代正在經歷青年危機。[81] 由第一直接銀行（First Direct Bank）和心理學家奧利佛‧羅賓遜（Oliver Robinson）博士委託之有關 2000 年英國千禧世代的研究顯示：53% 的人正在努力應付財務壓力，26% 的人在職業生涯中拚命，22% 的人正苦苦掙扎著進入購屋市場，25 % 的人在尋找滿意的人際關係時承受壓力。該研究顯示，他們平均需要 6 個月的恢復時間，同時強調可能沒有短期解決方案來應對這場危機。然而，羅賓遜博士表示，「青年危機有兩個面向……那些危機經常被視為困難和痛苦而令人害怕，但根據我的經驗，那也可能是開放、好奇和成長的時期。」

　　LinkedIn 曾對澳大利亞 1,001 名 25 至 33 歲的人做過研究，[82] 發現多達 80% 的人感到要在 30 歲前成功壓力很大。對於澳大利亞的千禧世代而言，觸發青年危機的頭號憂慮便是找到自己能投注熱情的工作或職涯的道路（64%），遺憾自己在不合適的工作中虛擲太多年光陰的人竟然高達 29%。接下來的主要觸發因素是尋找伴侶 （44%）或是進入購屋市場（49%）。

莎莉的故事

　　莎莉在 23 歲時已經「在公司中獲得晉升，樣樣合乎標準，成為一個負責任和成功的成年人」。然而，這種「成

功」導致她必須維持一種難以持續下去的生活方式，導致她終於病倒了，從此開始她的青年危機階段。她的父母曾告訴她，成功就是先要接受良好教育，然後找到一份好的工作，接著步入婚姻，然後退休。這就是經典的三階段線性模式，保證人生過程一路穩定安全。莎莉的故事說明這種模式如何不適用於千禧世代。用她的話說：

「我們不求工作與生活的平衡，只求工作與生活的融合。」

「我們需要靈活性、可持續性、目標以及內在動機。」

「我們想要以下這種生活：社交互動、個人健康幸福以及創造性的抱負都交織在一起，以便發揮積極影響。」

在長達百歲的生命中，創造性的成功必須塑造出個人的身分認同，並藉由個人的自我實現被重新設計來發展這種認同模式。

葛拉東和史考特描述的長壽與老化有關。不過，他們提出有一些強大力量可以讓我們在更長的時間中保持年輕，而這便是羅伯特・帕格・哈里森（Robert Pogue Harrison）所稱的「回春」方法 （大量的化妝品、整形外科手術、保健以及健身產業就是例子）。葛拉東和史考特引入了新的三階段模式：探險型、獨立生產型以及投資組合型，以便描述這個多階段生命可能的運作方式。讓我們看看這套分類

如何應用於千禧世代。

探險型

　　這個生命階段的重點在於探索、旅行、尋求冒險和新體驗，主要用來發現外面的天地有些什麼、自己喜歡和不喜歡什麼以及自己擅長什麼。這是一個實驗和探索發現的時期，是一個「寓創造於選擇」的時期，並設法在正確的時間點做正確的配合，無論是休閒、職業、家庭還是其他。大家不要忘記，他們那嬰兒潮世代的父母匆匆忙忙做出這些決定，並且在自己的愚蠢行為中一路打破紀錄。雖然生活的任何階段都有探險家，但有 3 個年齡層的人最適合這身分：18 至 30 歲、40 歲中段、70 至 80 歲。

　　莎莉‧懷特從青年危機中漸漸復元的同時，也開始思考過長工時對她同事所造成的負面影響，並且意識到「自己不願再過那種生活」。所以她辭去了公司的職務，離開澳大利亞，搬到倫敦，成為了一名演員。對於莎莉來說，知道自己不想要什麼和知道自己想要什麼同等重要。為了凸顯這個探險家階段的重要性，莎莉又解釋道：「改變你的職涯道路並不代表放棄……你不必成為常規下的奴隸，這是一個選擇，所以稱心自在過日子吧。」

獨立生產型

創業精神促成了經濟發展的新階段。我們在第一章中看到，創業精神是賦能的最重要因素。現在是考慮取代傳統職涯道路並且創辦企業的最佳時機。科技進步、較易取得資金、網路和技能都能降低了初創企業的障礙。千禧世代中有三分之二的人擁有這種願望，並且實際上有三分之一的人將其付諸行動。這個生命階段不僅限於千禧世代，世人可以在任何年齡成為獨立的生產者。年齡不是妨礙初創公司成功的絆腳石。許多研究如杜克大學考夫曼基金會的維維克·瓦德華（Vivek Wadhwa）都發現，企業家在創辦公司時一般年齡為 40 歲，而年收入超過 100 萬美元之成功初創企業家的平均年齡為 39 歲。[83]

這個生命階段在於創造工作，而非尋覓工作，並以學習、建立專業技能和產出為特徵。這個生命階段表現出更大的風險，可能導致失敗，這已然成為了試驗和創新的一個重要面向。但它也打開了一個選擇生活方式的世界，這是透過傳統職涯道路所無法實現的。

對於莎莉·懷特來說，她知道為了追求新事業而移居國外做演員的經歷其實可能變成一條磨難和錯誤的道路，畢竟不管什麼時候，能獲雇用的演員只占 2%。為了消弭風險，她開辦自己的業務做為第二種收入來源。雖然兩者都是看似冒險的嘗試，但是她對風險、失敗和碰壁所保持的

開放態度使她重新定義自己的成功。

投資組合型

這個生命階段的重點在於將一些活動組合起來，同時進行。這個生命階段是財富累積、考察、活力刺激、學習的階段，而且重要的是，也是對社會做出貢獻的階段。追求這個生命階段的信心通常始於探索理念，而同時仍然保持全職的職業生涯。創業加速器中心充滿以學習、實驗、製作原始模型為目的而聚集在一起的個人，希望將自己想法加以商業化的個人。

零工經濟是投資組合階段的一個很好的例子，也是不斷變化的文化和商業環境的一部分，其中包括共享經濟、禮物經濟 ii 和以物易物經濟。它的特點是高度自主、按任務計酬和短期關係。根據麥健時公司在 2016 年的研究，[84] 美國 20% 至 30% 的勞動年齡人口和歐盟 15% 的勞動年齡人口從事獨立工作。

介紹完生命的最後這個階段，讓我們再回到莎莉・懷特的身上。除了追逐成為演員、歌手和舞者的夢想外，莎

---

ii 譯注：禮物經濟（Gift economy），係自古以來的自由價值經濟學模式。交換過程中，給與者沒有任何得到價值回報的要求和預期。與之相反，下文的以物易物經濟是用社會契約和明確協議加以約束，以保證給與者得到或期望得到報酬的經濟學模式。

莉還開辦自由的諮詢服務，創立一家提供攝影和行銷服務
的傳播公司，同時也是一家總部設於倫敦之資訊科技諮詢
公司的共同主管。實際上，她代表了多元化的投資組合模
式。

　　如前所述，在千禧世代的眼裡，線性的生命階段模式
中只有兩個轉捩點——從教育到就業、從就業到退休。另
一方面，多階段的、與年齡無涉的模式比較是呈同心圓狀
的，並且遵循指數軌跡。每次反轉的動機都會有很大差異。
例如，對於莎莉・懷特來說，她的疾病、她的青年危機，
以及她需要重新定義成功，和她不想長時間工作的體認，
在在構成了她過渡到探險型、獨立生產型和投資組合型各
階段的原動力。她的動機是為她的健康和幸福充電，並藉
著遷居到倫敦、創造新的人際網絡和追求自己的投資組合
等舉措來重塑自己。

　　莎莉認為千禧世代在重新發想「成功」這概念時面臨
的最大一個挑戰是創造一個「如何實現安定」的新定義。
對於嬰兒潮世代來說，安定要透過事業的始終一貫方能企
及，而這不僅滿足了他們的基本需求，還滿足了他們的許
多心理和自我滿足的需求。在當今的經濟環境下，這種模
式是難以持續的，也不再是眾人心之所嚮。對於像莎莉這
樣的千禧世代而言，他們更有可能藉著提升創業精神以及
技能的多樣化來實現此種安定性，如此一來，在百歲的人
生中，他們便承擔得起幾次「小型退休」。

與前幾代人相比，千禧世代更加意識到社會面臨的諸多挑戰，並且不太願意將股東價值的最大化視為其工作的充分目標。他們正在尋覓更寬廣的社會目的，並希望在具備這樣一個目的的地方工作。

——邁克爾‧波特（Michael Porter）｜哈佛商學院教授

本章摘要

- 自 1840 年以來，預期壽命每 10 年便穩步增長 2 歲。20 歲的千禧世代有 50% 的機會活到 100 歲，可能生活在四代家庭的結構中。

- 對醫療保健、教育和更好的生活方式選擇的投資是預期壽命延長的主要原因。

- 雖然世人的預期壽命一直在增加，但企業組織的預期壽命卻在下降。據報導，《財富》前 500 強公司的平均壽命從 1920 年代的 60 年減少到今天的 15 年。預計在未來 10 年內，《財富》前 500 強公司中有 40% 將無法存活。

- 傳統那種教育、就業和退休的線性生命階段模式不太可能用以解釋我們的未來，因為在那個世界中變化的速度加劇、預期壽命增加而企業組織的存活機會正在下降。

- 我們可以預期將能看到基於年齡的、線性的生命階段模式轉變為與年齡脫鉤的、多階段的指數模型，這對於理解該如何擘劃這種長壽生活至關重要。

- 透過包括探險、成為獨立生產者和創建投資組合等階段的回春作用，我們可以解釋千禧世代的人如何自我重建。

- 對於許多千禧世代的人來說，青年危機將成為採用多階段方法實現自己生活方式的催化劑。

- 觸發青年危機的因素主要集中在對成功的期望、職業生

涯及其進展、踏入購屋市場以及建立人際關係、擁有伴
侶以及家庭。

• 然而，這種青年危機為開放、好奇心和成長提供了契機。

8

數位革命

在這新世界裡，年齡、規模或是信譽都無法保證你明天仍在檯面上

過去 10 年的發展重點一直在於建立一個行動優先的世界，將手機變成我們生活中的遙控器。但是在接下來的 10 年裡，我們將轉向一個人工智慧優先的世界，一個電腦變得普遍可利用的世界。

——桑德爾·皮查伊（Sundar Pichai）｜谷歌首席執行長

到目前為止，我已經探討了千禧世代可能如何利用自己在民主、經濟、文化和技術方面的影響力，以及他們對全球重大挑戰的態度。我還檢視了未來的趨勢以及它們可能如何影響世界。我也已經交代了我們當前的信任情況，並且指出，為了迎接日益成長的數位化生活，現有模式需要將拓撲[i]加以擴展，使其連接以分散方式運作的多個動作體（actors）。在這種背景下，我們將把注意力轉向與科技革命相關的組織挑戰，還有在我們邁入第四次工業革命之際，這究竟意味著什麼。

　　仍有許多產業和組織尚未完全接受第三次工業革命所提供的所有技術。現在，那些願意投資數位化轉型並正在應用數位技術和策略的企業組織，與那些仍在以傳統方式營運的企業組織之間出現了績效差距。我們將思考以下問題為本章拉開序幕：第三次工業革命對產業和企業組織的數位化有何影響？

　　根據麥健時 2017 年的一項研究，[85] 仍以傳統方式競爭的企業組織所表現出的收入和收益增長率，已低於已經數位化轉型的組織。重要的是，他們發現，企業組織的業績表現與其數位化的水準密切相關。那些經歷數位化轉型的

---

i 譯注：拓撲（Topology），這裡的拓撲係指網路節點（node），分為實際的或邏輯的連接形式；實際的拓撲（physical topology）指真正網路上的實際布線或各節點分布的情形，邏輯的拓撲（logical topology，則指網路上的資料流通。

企業組織已將數位融入其商務（科技、分析、技能）、策略決策（商務模式創新）及其執行模式之中。

　　該研究報告稱：在沒有數位化的情況下，受訪者估計將有三分之一的收入在未來 3 年內面臨虧損或被蠶食的風險。產業面的數位化集中將導致利潤和收益下降。值得注意的是，該研究也發現：那些採用數位化並占據重要市場份額的企業組織和顛覆性的新創公司一樣具威脅性（見圖 50）。

　　無論是受影響最小的產業（消費性包裝商品為 16%）或是受影響最大的產業（電信為 44%），在在都凸顯出沒有哪個產業逃得過數位化衝擊的事實。所有產業中，又以高度倚重資訊的那一些（例如電信、媒體和娛樂、零售銀行 [ii] 和其他金融服務產業）受到的影響最大。還請讀者記住這點，因為我在下文評估產業效能時還會再加著墨。

　　如果我們使用比率分析法（ratio analysis）來考量留存在產業中的顛覆值水準，並且觀察數位化對於各產業「產業收入風險」（DTR）的程度，我們會發現一些值得注意的事情。例如，只有高科技（90%）、其他金融服務（90%）以及媒體和娛樂（83%）等產業高於 DTR 平均值的（83%）。

---

ii 譯注：零售銀行（Retail Banking），銀行之一類型，主要向個人、家庭和中小企業提供的綜合性、一體化的金融服務，包括存提款、貸款、結算、匯兌、投資理財等業務。與之對應的是批發銀行（Wholesale Bank）。

圖 50：未來 3 年數位化的收入風險

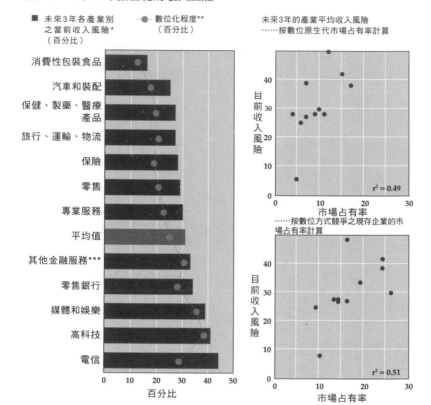

■ 未來 3 年各產業別　●─ 數位化程度**
　 之當前收入風險*　　（百分比）
　（百分比）

未來3年的產業平均收入風險
……按數位原生代市場占有率計算

消費性包裝食品
汽車和裝配
保健、製藥、醫療產品
旅行、運輸、物流
保險
零售
專業服務
平均值
其他金融服務***
零售銀行
媒體和娛樂
高科技
電信

百分比

目前收入風險

市場占有率
r² = 0.49

……按數位方式競爭之現存企業的市場占有率計算

目前收入風險

市場占有率
r² = 0.51

---

* 　 消費性包裝食品，n＝50／汽車和裝配，n＝68／保健、製藥、醫療產品，n＝101／旅行、運輸、物流，n＝45／保險，n＝65／零售，n＝72／專業服務，n＝247／其他金融服務，n＝130／零售銀行，n＝60／媒體和娛樂，n＝82／高科技，n＝237／電信，n＝50。

** 　企業組織透過數位管道銷售之產品／服務的比率；數位性核心產品／服務的比率；自動化和／或數位化之核心業務的比率；供應鏈數位化之比率或在供應鏈中與供應商以數位方式進行互動之比率。

*** 不包括保險和零售銀行業務的受訪者。

資料來源：參見《為何數位的再投資者抽身而退》（*How digital reinvestors are pulling away from the pack*），2017 年 10 月，麥健時全球研究院，www.mckinsey.com。©2018 年麥健時公司，版權所有。經許可後轉載。

這點並不令人意外，因為這些產業都是最早受到數位化顛覆性衝擊而能據此做出回應者。至於尚待轉型而且其收入最容易受影響的產業則是電信（64%）、保險（64%）以及零售（67%），均遠低於平均 DTR 的 83%。零售銀行在 DTR 為 79% 的情況下，仍然存在很大的風險，這或許能解釋時下全球對金融技術投資的重視。

麥健時公司發現，大多數受訪者表示已制定了數位化的計畫，但是投資規模並不算大。對數位的投資只求與目前的收入成正比，而不是放眼於未來的成長。這種投資不足的現象在能夠從顛覆性技術中受益最多的產業裡尤其明顯（見圖 51）。高科技產業正在引領數位化投資（收入和勞動力），其次是媒體和娛樂產業，然後是金融服務。

當我們分析數位化中的經濟投資（收入百分比）與數位化中的勞動力投資（勞動力百分比）之間的比率時，我們會發現更多非常值得注意的事實。在過去 3 年中，那些在數位上投資金額不到年度收入 10% 之產業（消費性包裝食品、保險、汽車和裝配、零售）的經濟／人力資本比率介於 2.0 至 2.5 之間，反映出在數位轉型和發展過程中對勞動力的依賴程度更高。過去 3 年中在數位上的投資超過年度收入的 11% 的產業（保健、製藥和醫療產品／電信／旅遊、運輸和物流／零售銀行／其他金融服務／媒體和娛樂／高科技）其經濟／人力資本比率介於 2.0 至 1.1 之間，反映出它們更大幅度地依賴其經濟投資來支持轉型和發展。

圖 51：投資和人員在數位計畫中的比例（與收入對照）

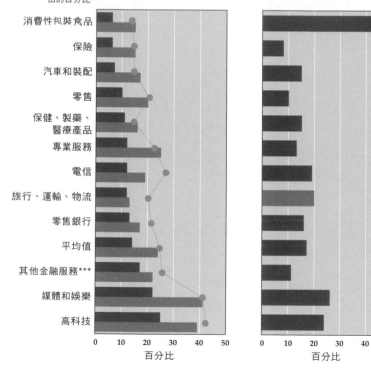

■ 過去3年內用於數位計畫的　●── 源自數位之業務
支出占年度收入的百分比　　　收入的百分比
（按行業別區分）*

■ 用於數位計畫的勞動力支
出的百分比

公司市場平均占有率中自有數位產
品／服務份額（按行業別區分）
（百分比）

消費性包裝食品
保險
汽車和裝配
零售
保健、製藥、
醫療產品
專業服務
電信
旅行、運輸、物流
零售銀行
平均值
其他金融服務***
媒體和娛樂
高科技

百分比　　　　　　　　百分比

---

* 消費性包裝食品，n = 45／保險，n = 65／汽車和裝配，n = 68／零售，n = 72／保健、
製藥、醫療產品，n = 101／專業服務，n = 247／電信，n = 50／旅行、運輸、物流，n
= 65／零售銀行，n = 60／其他金融服務，n = 130／媒體和娛樂，n = 82／高科技，n =
237。

** 除非受訪者表示自己已推出數位化版本的產品或服務，否則不會被問及此問題。

*** 不包括保險和零售銀行業務的受訪者。

資料來源：參見《為何數位的再投資者抽身而退》，2017 年 10 月，麥健時全球研究院，www.
mckinsey.com。©2018 年麥健時公司，版權所有。經許可後轉載。

同樣，我們可以看到，相對於製造業，倚重資訊之產業的經濟／人力資本比率較為均衡。這裡的例外是保險業，因為與零售銀行和其他金融服務相比，它在數位化轉型和發展上的勞動力投資的依賴性增加了 2 倍。

　　該研究確實表明，數位領導者和創新者表現出共同的特徵。這些特徵是：

1. **業務轉型**。他們以變革的方式創新業務模式（而不是對策略和核心業務進行一些增量增額調整）。
2. **擴大尖端技術**。他們擴展了尖端科技和技術，在整個企業組織或業務部門內大規模應用設計思維。
3. **決定性和重大投資**。與傳統公司相比，他們著眼於長期的投資並果斷地增加了 3 倍。
4. **策略背景**。他們將世界視為相互關聯的生態系統。

　　如果對於收入、利潤或存在之風險都有充分的了解，那麼策略在什麼地方不能實現企業的價值？又為何不能實現企業的價值？答案通常是在營業的傳統模式和顛覆性的轉型模式中，於兩者的速度與規模之間存在者經濟、策略和營運方面等無法調和的差異。外部環境的變化速度比組織的適應和反應能力更快。正如傑克・韋爾奇（Jack Welch）曾如此清晰明確地表達：

如果外部的變化速度超過內部的變化速度，那麼末日就不遠了……

行動技術的進步說明了這一點。想想智慧手機對我們溝通、購物和銀行業務的影響。它已經無可爭議地顛覆了媒體、娛樂、零售和金融服務產業。正如我在第四章中所描述的，我們現在生活在一個「行動媒體第一」的世界中，57 億人口因此被串聯起來。在相當短的時間內（大約 10 年），智慧手機已成為我們通往世界的門戶，也是實現個性化的主要機制。儘管如此，仍有許多組織沒有調整傳統模式來適應這種新的處理方式。他們採用了自己一如往昔的營運模式，只在上面鋪上薄薄一層行動外衣。這種低估不僅意味著缺乏對客戶習慣行為改變的理解，也代表了對數位化帶來的經濟利益一無所知。

雲端以及連網技術的進步是另外一個例子。以固定成本作為基礎架構的傳統模式努力設法藉由價格／性能的發展，以適應這些技術索提供的可擴展性和可變性。以固定成本為基礎架構的傳統模式的另一個後果，是支持這模式需要的勞力密集度抑制了自動化跟可擴展性。

但據麥健時公司的研究，[86] 儘管這種低估現象，只有 8% 的企業組織認為，如果他們的產業在當前的路線上繼續推動數位化，他們目前的商業模式將在經濟上保持可行性。這份研究指出數位策略何以失敗的 5 種原因：

1. 對數位及其在商業中的地位缺乏清晰的、整體的組織定義。

2. 誤解數位經濟學，認為它會令價值主張[iii]崩潰，認為經濟租[iv]主要會重新分配給客戶。

3. 隨著產業日益成為生態系統，了解數位化的新經濟規則將更是用於更廣泛的價值鏈。產業的平台化將允許大家穿越日益模糊的傳統界限。

4. 高估了數位攻擊者，並且低估具有重要市場占有率之數位化現存公司的影響力。

5. 不對其傳統業務進行數位化並運用新模式進行創新。

　　結果當然是不言而喻的。他們的研究發現，數位化的先鋒和動作快的追隨者 3 年內的收入增長超過了 12%，幾乎是那些對數位競爭只產生普通反應之公司的兩倍（見圖 52）。

　　那麼，傳統的企業組織是否從轉型中獲取了價值？

　　現在，轉型的迫切性正全面橫掃已開發市場。根據波士頓諮詢集團的分析，[87]歐洲和北美 52% 的大型上市公司

---

iii 譯注：價值主張（Value propositions），指個人或企業對於所提供的產品或服務能為客戶做出的承諾價值。

iv 譯注：經濟租（Economic rent），例如某個企業得到政府特許可以進口某種商品，得到的利潤。或者，企業利用政治遊說，使政府提供優惠或紓困，以提升企業獲利。造成經濟租的主要力量即政府，因此政府的主要職責是使經濟租減少、消失，或是控制它的成長。

圖 52：不可低估數位顛覆了競爭的性質

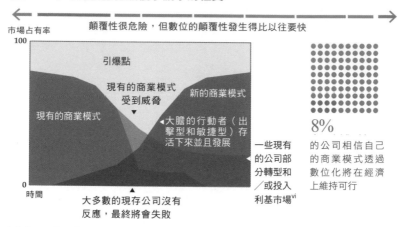

資料來源：參見《為何數位策略失敗》（*Why digital strategies fail*），2017 年 1 月，麥健時全球研究院，www.mckinsey.com。©2018 年麥健時公司，版權所有。經許可後轉載。

在 2016 年宣布轉型，比過去 10 年增長了 42%。波士頓諮詢集團的分析旨在確定轉型是否創造了價值，而其方法則是比較轉型公司的股東總回報（TSR）[v] 增長與其各自產業的股東總回報增長率。他們發現，在短期（1 年）和長期（5 年以上）中，只有 24% 的轉型公司經歷了比產業平均水平更高的 TSR 增長（見圖 53）。

---

[v] 譯注：股東總回報（Total shareholder return）為一種股票對投資者的總回報，等於上市公司在一定時期內（通常為一年或更長）的資本收益加股息。

[vi] 譯注：利基市場（Niche market），常指企業選定一個很小的產品或服務領域，集中力量進入並成為領先者，從當地市場到全國再到全球，同時建立各種壁壘，逐漸形成持久的競爭優勢。

圖 53：轉型創造的價值

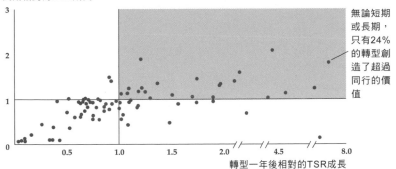

備註：與標準普爾 500 指數或相關之全球產業指數增長相較下的 TSR，「1」等於
　　　與產業相同的增長率。長期增長是指至少 5 年的時間跨度。樣本為跨產業和
　　　地區的 88 家大型公司。（TSR ＝股東總回報。）

資料來源：波士頓諮詢公司分析

經許可後轉載

　　為什麼有些企業組織的數位表現優於其他的企業組
織？

　　如果你還沒有轉變為指數型企業組織（Exponential
Organization），那麼你的競爭力不僅會遠離你，而且還會像柯
達一樣，以驚人的速度向後滑去。

——沙黎姆．伊斯邁爾（Salim Ismail）｜奇點大學創始人兼執行董事

　　現在讓我們把注意力轉向「指數型企業組織」（ExOs），
並理解為什麼它們的表現優於競爭對手，然後再探討它們
對下一次革命已準備到什麼程度。奇點大學的研究人員一
直在這個領域率先提出見解。他們將「指數型企業組織」

定義為：一個企業組織因為運用了有利於科技加速發展的新組織方法，以致其影響（或產出）大得不成比例，至少比其同行大到 10 倍的規模。[88]

伊斯邁爾、馬隆（Malone）和范・吉斯特（Van Geest）在他們的書《指數型企業組織：為什麼新的企業組織比你的更好、更快、更便宜十倍》（2014 年）中說明如今已出現了一種新型的企業組織。這種企業組織借助以平台為基礎的、數據密集的、輕資本之威力的模式。而其模式以指數科技設計出來，以便發揮指數的而非線性的績效。

這些企業組織重新建構價值鏈，將一度曾是實質的東西去物質化，使之成為「數位隨選」（digital on-demand）的世界，然後藉由分解過程將其拆成組成部分，接著再屏除非增值性的中間人，以達到去中介化的目的。在可預見的未來，它們將成為世界經濟的領導者。目前，這些科技公司已經接管了股票市場，而在 2017 年，前 5 大公司的價值估計最高到達 3 兆 3,000 億美元（見表 D）。

這些科技公司的收入在 2017 年總計增加到 6,500 億美元，而且自 2002 年以來，已從 227% 增長到 27,625%。然而，作為科技公司，它們大部分的收入來自非常不同的產品組合。例如，2017 年，蘋果 81% 的收入來自硬體，谷歌有 86% 來自廣告，微軟有 62% 來自軟體，亞馬遜有 82% 來自零售，臉書有 98% 來自廣告。[89]

雷蒙德・庫茲威爾（Ray Kurzweil）這位世界領先的作

表D：按市值計算之全球最有價值公司（單位：億美元）

Top	2001 US $1,527bn	2006 US$1,670bn	2011 US$1,519bn	2016 US$2,407bn	2017 US$3,328bn
	■ 傳統公司		■ 科技公司		
1	GE US$372bn	ExxonMobil US$447bn	ExxonMobil US$406bn	Apple US$609bn	Apple US$861bn
2	Microsoft US$327bn	GE US$383bn	Apple US$377bn	Google US$539bn	Google US$730bn
3	ExxonMobil US$300bn	Microsoft US$294bn	PetroChina US$275bn	Microsoft US$483bn	Microsoft US$600bn
4	Walmart US$273bn	citi US$274bn	Shell US$234bn	BERKSHIRE HATHAWAY US$402bn	amazon US$564bn
5	citi US$255bn	GAZPROM US$272bn	ICBC US$227bn	ExxonMobil US$374bn	Facebook US$513bn

資料來源：Morningtonstar; Financial Times; Statista

家、電腦科學家、發明家、未來學家和奇點大學的聯合創始人在他 30 年的研究中，對指數型的表現做了 4 項關鍵性的觀察：[90]

1. **乘法效應**：就像摩爾（More）有關計算機性價比那一條「電晶體數目大約每隔 18 個月便會翻一倍」的理論定律所說的，這種效應也適用於資訊科技。庫茲威爾將此描述為「加速回報的法則」（law of accelerating returns）。

2. **資訊賦能**：一旦產業、產品或技術變成資訊賦能，其性價比大約每年翻一倍。

3. **加速**：翻倍現象一旦開始就不會停止。

4. **指數型的技術**：資訊所支援的技術包括人工智慧、機器

人技術、生物技術和生物資訊學（bioinformatics）、神經科學、數據科學，3D列印和奈米技術。

這些觀察結果解釋了為什麼科技和進化過程會以指數方式發展。這些加速的技術使供應和需求的邊際成本幾乎降至為零，而其呈現的規模是以前那種線性模式無法實現的（見圖54）。

圖54：指數表現對照線性表現

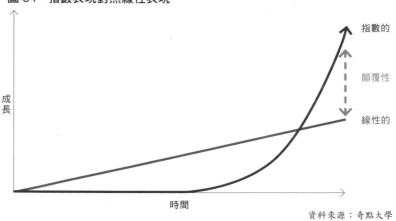

資料來源：奇點大學

自從2014年以來，我們目睹指數型企業組織的數量激增了3倍，其估計值達到了所謂的「獨角獸」等級（即達到10億美元）（見圖55）。[91] 投資者認為這些公司掌握未來的平台和產品，所以對它們下了大賭注，然而我們必須注意，並非所有的獨角獸都能存活下來。這已成為企業組

織必須在其中營運的新環境。現在，顛覆的規模和影響已迫使傳統的企業組織，並將其營運和業務操作從線性模式轉變為以指數績效為中心的模式。

圖 55：市值大於 10 億美元之新創公司的數目，按年份計算

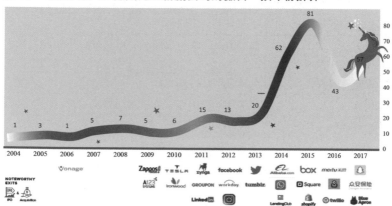

資料來源：Visual Capitalist

根據奇點大學一項為期 6 年、針對全球發展最快的 100 家新創公司所做的調查，研究人員確認了它們 10 個共同的外部和內部屬性，包括這些指數型企業組織的重大轉型目的（摘要請見表 E）。

表E：指數型企業組織的屬性與特徵

屬性	描述
重大轉型目的	更高的、大的目標抱負
外部屬性（規模）	
隨選員工（Staff on demand）	是否利用隨選員工與隨選資源？
社區和群眾	是否利用社區和群眾？
演算法（Algorithms）	演算法是否為企業組織的核心部分？
被利用的資源	商務是否被外部化？
投入	它的產品和服務是否以資訊為基礎？
內部屬性（理念）	
介面	是否創造管理外部可擴縮性（scalability）的介面？
操控	是否利用「關鍵目標」（key objectives）和「精益指標」（Lean Metrics）來追蹤績效？
實驗	企業組織是否鼓勵冒險與實驗？
自主性	企業組織鼓勵自上而下、命令和控制的階級結構或是扁平、自主、協作的團隊結構？
社會性	社會性的技術是否融入企業組織中？

資料來源：奇點大學

　　根據表 E 中的屬性，研究人員創建了一個「指數係數測量」（Exponential Quotient Survey），以便分析企業組織的指數程度。「指數係數」（ExO）得分高於 55（滿分為 84）即被歸為決心以指數方式運作的企業組織。表 F 按 2015 年「指數係數」得分對《財富》前 100 強企業進行排名。[92]

表F：2015年《財富》前100強企業的「指數係數」排名

ExO排名	公司名稱	創業年	ExO得分
1	谷歌	1998	72.9
2	亞馬遜	1994	66.2
3	蘋果	1976	62.6
4	IBM	1911	61
5	威訊通訊（Verizon）	2000	58.8
6	奇異	1892	56.6
7	微軟	1974	55.9
8	思科系統（CISCO Systems）	1984	55.8
9	華特迪士尼公司	1923	54.8
10	甲骨文公司（Oracle）	1977	54
11	可口可樂公司	1892	49.5
12	DirecTV	1990	49
13	麥克森（McKesson）	1833	49
14	優比速 （United Parcel Service〔UPS〕）	1907	49
15	AT&T	1885	48.8
16	瑚瑪娜（Humana）	1961	48.8
17	國家農場保險公司 （State Farm Insurance Cos.）	1922	48.4
18	全國保險公司 （The Allstate Corporation）	2008	47.3
19	洛克希德・馬丁（Lockheed Martin Corporation）	1995	47.2
20	康卡斯特（Comcast）	1963	47
21	美國運通公司 （American Express Company）	1850	46.8

（續）

ExO排名	公司名稱	創業年	ExO得分
22	21世紀福斯（Twenty-First Century Fox, Inc.）	2013	46.6
23	百事可樂公司	1965	46.5
24	沃爾格林公司（Walgreen Co.）	1901	46.5
25	偉彭醫療（Wellpoint）	2004	46.4
26	江森自控（Johnson Controls Inc.）	1885	46
27	億滋國際（Mondelez International, Inc.）	1923	45.6
28	默克公司（Merck & Co., Inc.）	1891	45
29	聯合大陸控股有限公司（United Continental Holdings, Inc.）	1926	45
30	福特汽車	1903	43.2
31	勞氏公司（Lowe's Companies）	1946	43
32	聯合健康保險（United Health Group）	1974	43
33	家得寶（The Home Depot）	1978	43
34	沃爾瑪（Wal-Mart Stores）	1962	42.7
35	世界燃料服務公司（World Fuel Services Corporation）	1984	42.5
36	強鹿公司（John Deere Company）	1837	42.4
37	富國銀行集團（Wells Fargo）	1852	42.4
38	通用汽車（General Motors）	1908	42
39	紐約人壽保險公司（New York Life Insurance Company）	1845	42
40	超價商店公司（Supervalu Inc.）	1870	42

（續）

ExO排名	公司名稱	創業年	ExO得分
41	高盛 （The Goldman Sachs Group, Inc.）	1869	41.8
42	阿徹丹尼爾斯米德蘭 （Archer Daniels Midland）	1902	41.8
43	保德信保險 （Prudential Financial, Inc.）	1875	41.4
44	塔吉特（Target）	1962	41.4
45	西爾斯控股 （Sears Holdings Corporation）	1893	41.4
46	杜邦公司（E.I. du Pont de Nemours and Company）	1802	41.3
47	CHS 公司	1929	41
48	聯邦快遞公司 （FedEx Corporation）	1973	41
49	克羅格公司（Kroger）	1883	41
50	聯合技術公司 （United Technologies）	1934	41
51	寶潔（Procter & Gamble）	1837	40.9
52	信諾公司 （Cigna Corporation）	1982	40.7
53	惠普公司 （Hewlett-Packard）	1939	40.7
54	美國教師退休基金會 （TIAA-CREF）	1918	40.7
55	波音	1916	40.3
56	CVS Caremark公司	1892	40
57	百思買公司 （Best Buy Co., Inc）	1966	40

（續）

ExO排名	公司名稱	創業年	ExO得分
58	英特爾公司 （Intel Corporation）	1968	40
59	利寶控股公司（Liberty Mutual Holding Company Inc.）	1912	40
60	輝瑞（Pfizer）	1848	39.8
61	花旗集團（Citigroup）	1812	39.8
62	嬌生公司 （Johnson & Johnson）	1886	39.3
63	霍尼韋爾國際 （Honeywell International）	1906	39.3
64	英邁公司 （Ingram Micro Inc.）	1979	39.3
65	萬通互惠人壽保險 （Massachusetts Mutual Life Insurance Company）	1851	39
66	達美航空公司	1924	39
67	美國國際集團（American International Group）	1919	38.3
68	快捷藥方控股 （Express Scripts Holding）	1986	38
69	泰森食品公司 （Tyson Foods, Inc.）	1935	37.5
70	美源伯根（AmerisourceBergen）	2001	37
71	埃克森美孚（Exxon Mobil）	1999	37
72	全國互惠保險公司（Nationwide Mutual Insurance Inc.）	1926	37
73	喜互惠公司（Safeway Inc.）	1847	36.3
74	房地美（Freddie Mac）	1970	36.3

（續）

ExO排名	公司名稱	創業年	ExO得分
75	西斯科公司 （Sysco Corporation）	1969	36
76	大都會人壽保險（MetLife）	1868	36
77	開拓重工（Caterpillar）	1925	34.5
78	雪佛龍 （Chevron）	1879	34.5
79	康菲（ConocoPhillips）	2012	34.5
80	通用動力公司（General Dynamics Corporation）	1952	34.5
81	卡地納健康集團公司 （Cardinal Health）	1905	34
82	陶氏化學（Dow Chemical）	1897	34
83	房利美（Fannie Mae）	1905	34
84	福四通國際 （INTL FCStone Inc.）	1905	34
85	安泰人壽（Aetna Inc.）	1905	33.5
86	摩根士丹利 （Morgan Stanley）	1905	33.5
87	波克夏·海瑟威 （Berkshire Hathaway）	1839	33.2
88	摩根大通 （J.P. Morgan Chase & Co）	1904	33
89	美國銀行 （Bank of America）	1905	32.5
90	馬拉松石油 （Marathon Petroleum）	1905	32.3
91	好市多批發 （Costco Wholesale）	1983	32

（續）

ExO排名	公司名稱	創業年	ExO得分
92	菲利普莫里斯國際公司（Philip Morris International Inc.）	1847	31.6
93	夏威夷電力實業（Hess Corporatlon）	1993	31.3
94	HCA控股公司（HCA Holdings, Inc.）	1968	31
95	菲利浦66（Phillips 66）	2012	30.7
96	特索羅石油公司（Tesoro Corporation）	1968	30
97	瓦萊羅能源（Valero Energy）	1980	29.8
98	Plains GP 控股公司	1989	27.5
99	Energy Transfer Equity, L.P.	1995	26.5
100	Enterprise Products Partners L.P.	1968	23

　　《財富》前100強的企業組織中只有8個被認為是指數級的，然而所有這些公司都屬於高科技產業。如圖51所示，高科技產業也是數位化程度最高的產業，其未來幾年的「風險收入」（revenue at risk）位居第二。該分析說明了傳統企業組織必須調整其轉型幅度，以便與下一代指數型的企業組織競爭，特別是電信、專業服務、零售和保險等領域，因為其產業數位化和風險收入之間的差距遠遠大於那些處於數位化高級階段的企業組織。

　　該分析還提出其他的見解：

- 在第一次工業革命（1700 至 1870 年）期間成立的 15 家《財富》前 100 強的企業組織中，沒有任何一家以指數方式營運。
- 在第二次工業革命（1870 至 1970 年）期間成立的 61 家《財富》前 100 強的企業組織中，只有 2 家以指數方式營運。
- 在第三次工業革命期間成立的 24 家《財富》前 100 強的企業組織中，只有 5 家以指數方式營運。

這種分析不意外地突顯了企業組織的年齡與其適應能力之間的因果關係。預計在未來 10 年內，《財富》前 100 強企業組織中將有 40% 會消失，[93] 大多數困在第二次工業革命中的《財富》前 100 強企業組織將會發現，在第四次工業革命的顛覆性規模和影響中，自己變得越來越難以適應，而且這種適應也變得越來越貴。

來自指數型企業組織的競爭和實質威脅，已經成為其他企業組織的法人說明會上最常聽到的說法。例如，亞馬遜在 2017 年就被提及了近 3,000 次，比臉書、蘋果和微軟加總的次數還多（見圖 56）。[94]

當技術平台跨地域運作時，沒有任何一個國家或是任何一個政府能獨自為全球的數位世界提供國際的規範和標準……現狀越來越難以維持，因為這些平台顯然不再僅是被動的主機。

——英國首相特蕾莎·梅伊（Theresa May）｜2018 年達沃斯世界經濟論壇

圖 56：2008 至 2015 年間在法人說明會上被提及次數最多的前 5 家科技公司

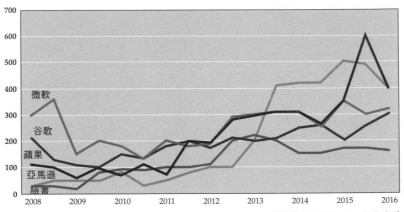

資料來源：CBInsights 投顧公司
經許可後轉載

　　預計到 2020 年，用手機上網的人口將達到 57 億人，所增加的 10 億上網人口從根本上改變了創新的步伐，而其方式是我們以前從未見識過的。隨著產業、產品和服務實現資訊化，傳統那種線性模式的企業組織從未經歷過比現在更急迫的時刻，因為它們必須重新思考自己在經濟和人力資本上的投資，以便讓自己在指數世界中維持競爭力。技術的去物質化、去貨幣化（demonetisation）和民主化將為全球的個人提供強有力的工具，而過去這些工具僅為大公司所保留。他們將親手把價值鏈去物質化、去中介化並且加以分解。

　　現在讓我們來看一個關於中國經濟數位化的個案研

究，以便深入了解這個國家將自己轉變為一個數位強國的成功關鍵因素。

個案研究：中國經濟的數位化

如果你想擁有一萬名顧客，你必須先建立一個新的倉庫，而且忙這個忙那個……對我來說，兩台伺服器就搞定了。

——馬雲｜阿里巴巴集團創始人

在相對較短的時間內（10 年），中國已成為全球的數位化大國。根據麥健時公司的報告，[95] 中國目前在風險資本投資方面已躋身世界前三名，從 2011 至 2013 年占全球市場 6% 的份額（120 億美元）增長到 2014 至 2016 年占全球 19% 的份額（770 億美元）。該國現在已成為世界上最大的電子商務市場，占全球電子商務交易價值的 42%，大大高於 10 年前僅有的 1%。中國也已成為行動支付的全球領導者，其交易價值是美國的 11 倍，總計 2016 年有超過 4 億 6,000 萬個用戶處理了 9 兆美元（見圖 57）。[96] 全球 262 隻「獨角獸」有三分之一住在中國，占全球這類公司總價值的 43%。

雖然中國整體的服務上出現貿易逆差，但現在數位服務貿易的順差每年超過 150 億美元。中國經濟中的數位能力以及向消費而非向投資經濟模式的轉變，受到以下幾個關鍵因素的激勵：

圖 57：零售電子商務交易、行動支付和獨角獸（中國、美國、世界其他地區，2016 年）

■中國 ■美國 ■世界其他地區

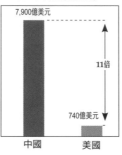

零售電子商務交易價值占比

	4,950億美元	1兆9,150億美元
100%	35.0%	24.1%
	0.4%	42.4%
	64.6%	33.5%
	2005	2016

2016年的行動支付*

7,900億美元
11倍
740億美元
中國　美國

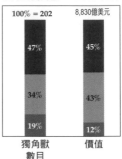

全球的獨角獸**，2016年6月

100% = 202	8,830億美元
47%	45%
34%	43%
19%	12%
獨角獸數目	價值

* 指透過行動交易進行的第三方支付。對於中國而言，行動支付不包括銀行或銀聯信用卡交易、數位財富管理或數位金融。對於美國而言，付款係指買方和賣方間行動設備的現場支付以及行動設備上的遠距支付。

** 獨角獸的定義為價值 10 億美元或以上的新創公司。

資料來源：Dealogic、eMarketer、iResearch、PitchBook、TechCrunch's CrunchBase、Unicorn Leaderboard、麥健時公司全球研究院分析

1. **千禧世代規模**：中國的千禧世代人口比率很高（31%），且此群體規模龐大（超過 4 億 1,500 萬人），在世界任何其他地區或國家都找不到這種規模。擴大來看，中國其他的人口群體也已經對連通性和網際網路產生了無法抑制的渴望。中國在 2016 年就有 7 億 3,100 萬網際網路用戶，在世界其他地區也找不到這種規模。如圖 9 所示，中國千禧世代現在擁有的平均經濟價值高於總人口的平均值，這支撐著電子商務和行動支付的可觀成長。

2. **科技巨擘**：百度、阿里巴巴和騰訊已經從他們的平台開發了整合的生態系統，並融入了中國人的生活方式中。

雖然電子商務是阿里巴巴主要的收入來源，但是數位媒體和雲端計算也在快速發展，2017 年的客戶數量達到 9 億。微信是騰訊發展最快的服務，2017 年客戶數量高達 9 億 8,000 萬。線上遊戲是騰訊主要的收入來源。

3. **政府支持**：中國政府一直是數位技術的主要投資者和消費者，並藉此來實現數位化。它貫徹支持性的政策，辦法包括鼓勵競爭（避免過度監管），並管理勞動力市場向數位化過渡的歷程。

　　麥健時公司的研究稱，到 2025 年，網際網路的新應用可占中國國內生產毛額的 22%，等於 4 至 14 兆人民幣。一般認為數位化不僅藉生產力嘉惠經濟（至 2025 年時估計為 22%），而且藉由市場擴張實現成長。

　　物聯網（IoT）藉由增加互連度和數位內容提供了當前消費電子產品發展軌跡上可能的最大提升，其次是汽車產業的自動化以及數位化之金融服務帶來的效率提升。值得注意的是，房地產和醫療保健則因資訊賦能以及這些領域所採用的技術而下降（見圖 58）。

　　預計中國經濟的數位化將提高生產力、達成創新並且刺激經濟成長。預計到 2030 年，透過價值鏈重組而創造 10% 至 45% 產業收入的 3 大力量是：去中介化（省略中間人）、拆解（將流程拆成獨立部分）以及去物質化（從實體轉變為數位形式）（見圖 59）。

圖 58：2013 至 2025 年新應用對中國國內生產毛額增長的潛在貢獻（該產業占國內生產毛額增長的百分比）

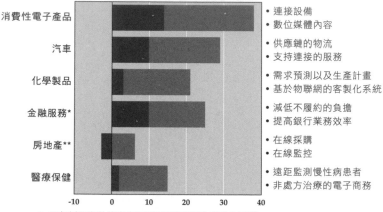

* 不包括更有效的資本配置對經濟體其他部分的影響。
** 由於網際網路相關的商業房地產需求變化而可能造成的下降。

資料來源：參見《數位中國：強化經濟以實現全球競爭力》（*Digital China: Powering the economy to global competitiveness*），2017 年 12 月，麥健時全球研究院，www.mckinsey.com。©2018 年麥健時公司，版權所有（經許可後轉載）。

圖 59：中國主要產業的去中介化、拆解、去物貨化

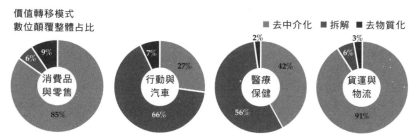

資料來源：參見《數位中國：強化經濟以實現全球競爭力》，2017 年 12 月，麥健時全球研究院，www.mckinsey.com。©2018 年麥健時公司，版權所有（經許可後轉載）。

消費品、零售、貨運和物流產業將從去中介化的過程

中獲益最多,而汽車和行動以及醫療保健則將藉由價值轉移而從拆解中得利最多。

中國有個廣泛宣傳的願景,即成為一個數位世界的大國,並且正在大力投資以實現這一目標。例如,國務院領導的「大眾創業、萬眾創新計畫」已經產生了 8,000 多個孵化器和加速器計畫。政府的指導基金已投資 274 億美元於風險投資和私人股權(private equity)投資者上,未來幾年對下一代 5G 無線網路的投資估計為 1,800 億美元。

人工智慧:「中國製造」

國務院在 2017 年發布了一份政策意向中聲明:中國將投入大量資金,以求在 2030 年時成為人工智慧的全球領導者,並建立一個價值 1,500 億美元的產業。「中國將成為世界首屈一指的人工智慧創新中心。」[97] 中國在先進和新興技術方面的能力雖落後於歐洲和北美,但經過 10 年國家支持的產業政策,它將在某些領域中迎頭趕上。

自從我成為首席執行長以來,《財富》前 500 強企業組織中已有 87% 不在名單之中了。也就是說,公司如不重塑自己勢必將被拋在後面。本人同時認為,國家以及個人都是不進則退。

——約翰・錢伯斯(John T. Chambers)| 思科系統前董事會主席與執行長

本章摘要

- 根據研究，如果沒有數位化，估計三分之一的收入在未來 3 年內有遭受損失或蠶食的風險。

- 數位化並且擁有重要市場占有率的企業組織將與新創公司一樣具有威脅性。

- 迄今為止，數位投資僅與收入成正比，而數位投資不足的產業據研究正是可以從新興之顛覆性技術中獲得最大收益的產業。

- 數位領導者和更新者具有共同的特徵，例如：以轉型的方式創新其商業模式、發展尖端技術、投資高達 3 倍並將世界視為互連的生態系統。

- 企業組織的數位策略可能由於其傳統模式與顛覆性轉型之速度和規模間無法調和的經濟、策略和營運差異而失敗。

- 指數型企業組織利用乘法效應、資訊賦能、加快速度以及指數技術，而比競爭對手的表現優良 10 倍。

- 《財富》前 100 強企業組織中只有 8 家被認為是指數級的，這說明傳統企業組織多麼需要採用其模式以便與下一代指數型的企業組織競爭。

- 隨著技術平台超越傳統的貿易界限，政府將越來越常依賴跨界的政策調整。

- 中國經濟的數位化受到一些相互關聯的因素所激勵：千禧世代的人口規模、科技巨擘以及政府支持，而去中介化、去物質化和拆解則是價值鏈重組的主要力量。

9

數據、分析和人工智慧

21世紀的活力

我們信仰上帝，而人帶來數據。

——愛德華茲・戴明（W. Edwards Deming）｜統計學家

好萊塢電影長期以來用人工智慧的科幻小說來填補我們的想像空間，其中包括《星際大戰》、《銀翼殺手》、《機械公敵》和《駭客任務》等作品，真是不勝枚舉。我最喜歡的是《魔鬼終結者》這部由詹姆斯・卡麥隆（James Cameron）執導的美國電影。阿諾・史瓦辛格在片中飾演從 2029 年回到 1984 年執行暗殺任務的生化人角色。這個 Cyberdyne 系統的 T-800 型 101 生化人在金屬的骨架上長著活體組織，專為作戰和滲透活動而設計。

電影中那預測未來的核心概念告訴我們，人類可以預知尚未發生的事情。有趣的是，根據報導，史瓦辛格由於自己的口音和發音習慣，想要改變現在已家喻戶曉的名句「我將回來」（I'll be back）。他的理由是：終結者不會以縮略的方式說話。根據我們所知，卡麥隆 1984 年即有遠見，知道人工智慧有朝一日可以解決與語言和縮略等相關問題挑戰。今天，我們進步的技術使我們走上了一條指數發展的途徑，以實現人工智慧未來可以為我們提供的奇蹟。不過，我們離正確的數據基礎還很遠。

企業組織如何有效率地使用數據是競爭優勢的主要因素。同樣的，我們的數位生活、即時期望和個性化體驗也在精心安排之數據交響樂中成形。在本章裡，我們將會探討這些面向，以便了解為什麼有些企業組織已成為擅長「分析型競爭者」（analytical competitor），並準備善用第四次工業革命，而為什麼其他企業組織卻辦不到。

數據是我們應該如何生活、如何管理我們的企業、經濟乃至政府的數位生機根源。數據規模已經超越了人類的認知能力。我們不僅無法處理數據，而且我們不再能理解其特徵。

　　數據是我們數位生活的源泉。但是我們找尋它、挖掘它、收獲它、開發它、儲存它、保護它、增值它、分配它以期最終消耗它的方式，意味著這種有價值的資源可以無限供給，而且由於它的豐富性，我們就算以效率較低的方式處理它也無大礙。事實上，這種豐富性反而造成了一個根本問題：在看似無窮無盡、鋪天蓋地而來的數據中，如何具備辨識和利用其中最關鍵之部分的能力。數據還具有一些根本不同的屬性：它與實體資產不同，它的價值藉著共享和再利用而增加。

　　我們還預計它將刺激設備的無限供應，而世界將因此被連接起來。雖然數據是這個數位時代企業組織具競爭性的通貨，但很少有人這樣看待它。

　　我們需要考慮的另一個面向是信任。正如第五章所討論的，數據洩露將繼續削弱客戶、員工和投資者對於個人資料保管機構的信任。對於千禧世代來說尤其如此，銀行是據信最能保護個人資料的機構。

　　我們將「分析手段」（analytics）定義為數據的使用、精緻的量化和統計分析、解釋和預測模式以及基於事實以推動決策制定的管理。在本章中，我們將探討如何使用它

來超越競爭對手。我將參考達文波（Davenport）和哈里斯（Harris）在《競爭分析——致勝的新科學》[98]一書中的精彩研究。他們廣泛的研究已經為「分析型競爭者」劃出了基因圖譜，同時解釋他們如何使用分析作為競爭優勢的祕密武器。

　　人工智慧和機器學習是目前最熱門的兩個主題，並且往往被視為同一件事。然而它們並非同一件事。我們將人工智慧定義為「能執行通常與人類智慧相關之任務」的電腦系統（包括機器人），例如視覺感知、語音辨識或是做出決定。該術語與人類的智力運作過程的特徵相關聯，例如推理、發現意義、概括或從過去經驗中學習等能力。另一方面，機器學習是演算法在沒有人為干預的情況下自創模式的能力。傳統機器學習確實需要人工介入來辨識用於建構模式之數據中應加注意的特徵。深度學習則不再依賴人類來辨識數據中應加注意的特徵。

數據

　　數據確實呈指數方式增長，而且幾乎每隔 12 個月就翻一倍。根據國際數據資訊公司（IDC）預測，[99] 到 2025 年，「全球數據領域」（global data sphere，定義：人類在地球上於任何年份所創造、取得和複製之所有數據的總和）估計將達 163 皆位元組（zettabytes），是 2016 年產生之 16.1

皆位元組的 10 倍。該預測描述了 5 個預計會改變我們世界的關鍵數據趨勢：

1. **數據發展成為攸關生活的東西**。從孤立的、分散的、未充分利用的數據轉變為社會和我們生活的必需品。該預測估計，到了 2025 年，20% 的數據將對我們的日常生活至關重要，其中 10% 甚至極端重要（見圖 60）。

2. **嵌入式系統（Embedded systems）和物聯網**。隨著我們的生活、企業、設備、感測器等與生態系統相互連接，這將產生呈指數增長的數據量。專家預測，到 2025 年，普通人每天將與連接設備進行大約 4,800 次互動，每 18 秒進行一次（見圖 61）。

3. **行動和即時數據**。全球無處不在的行動設備使我們能夠藉由消費數據驅動服務，無論何時何地都能自覺或是不自覺地使用數據。到了 2025 年，預計超過 25% 的數據將是即時數據，而源自物聯網的數據將占其中的 95%（見圖 62）。

4. **改變面貌的認知系統**。機器學習、自然語言處理以及人工智慧（統稱為認知系統）等新興技術會將數據分析轉化為智能。認知的自動化將以驚人的速度、規模、品質和較低成本去複製人類的行為和判斷。到了 2025 年，被分析數據量將增長 50 倍，成為 5.2 皆位元組，而暴露於認知系統下的被分析數據量將增長 100 倍，成為 1.4 皆位元組（見圖 63）。

5. **數據安全**。數據的數量、速度、種類、價值、有效性、準確性和波動性（即所謂的 V 模式）導致了風險，因為它對犯罪分子的價值正呈指數級的增長。根據預測，到了 2025 年，90% 的數據將需要某種形式的安全防範，但只有不到一半能得到保護（見圖 64）。

圖 60：數據的重要性與時俱進

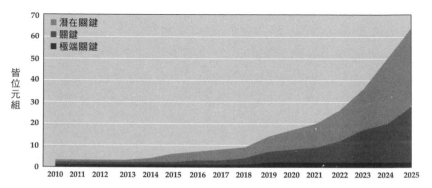

數據類型	年均複合增長率（CAGR）2015-2025
所有數據。包括全球數據領域中的所有數據。	30%
潛在關鍵。數據對使用者維持日常生活之連貫性、方便性是可能需要的。	37%
關鍵。數據對使用者維持日常生活的連貫性是不可或缺的。	39%
極端關鍵。數據對使用者的健康和福祉產生直接影響。（例子包括商業航空旅行、醫療應用、控制系統以及遙測技術。）此一類別充斥來自嵌入式系統的後設數據（metadata）以及數據。	54%

資料來源：IDC 的《2025 年數據時代研究》（*Data Age 2025 study*），Seagate 贊助，2017 年 4 月，經許可後轉載。

圖 61：每個連線個人每日與連線設備的互動次數

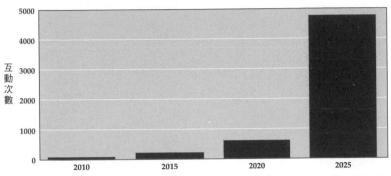

資料來源：IDC 的《2025 年數據時代研究》，Seagate 贊助，2017 年 4 月，經許可後轉載。

圖 62：行動數據

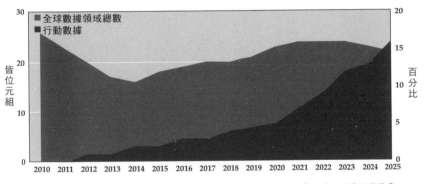

資料來源：IDC 的《2025 年數據時代研究》，Seagate 贊助，2017 年 4 月，經許可後轉載。

圖 63：數據標記

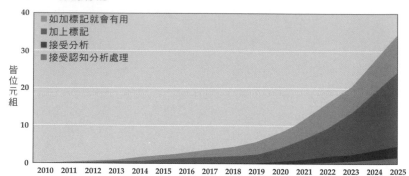

資料來源：IDC 的《2025 年數據時代研究》，Seagate 贊助，2017 年 4 月，經許可後轉載。

圖 64：數據安全狀態

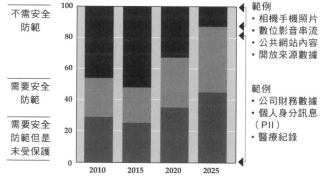

資料來源：IDC 的《2025 年數據時代研究》，Seagate 贊助，2017 年 4 月，經
　　　　許可後轉載。

　　這些趨勢說明：此種資源將變得更關鍵、更廣泛被獲
取，而且可被即時利用、以智能方式被處理，而且安全未
受保護。假設我們以相同方式考量任何其他的組織資源，
那麼它也將被視為資產。我們還將衡量該資產的利用，因

為它會成為重要的經濟績效指標。

英國、以色列、新加坡和澳大利亞政府已認清數據對產業和市場競爭力以及創新的影響，同時明白更高標準的數據控制攸關消費者的重大利益，因此正著手規範使用開放數據的制度。雖然金融服務產業一直是開放數據改革的主要對象，但是電信和能源產業也是政策制定者關注的重點。

分析手段（Analytics）

在這種統計學意義的背景前，大數據不僅成為策略的必要條件，也成為生存的必要條件。那麼為什麼要在分析學上競爭呢？第三次工業革命不僅侵蝕了許多傳統競爭優勢的來源，而且促成了許多產品和服務的資訊賦能（透過改變產業經濟體質的平台來達成，更常被稱為「顛覆」）。新的指數模式出現了，這些模式是植基於平台的、輕資本的以及數據密集的。

分析手段已成為許多企業組織的頭號策略和投資優先事項，[100] 包括利用這些分析學的投資來試驗和探索非結構化數據（原始未被分析之數據）的全球數據領域，探索結構化數據組可能無法揭示的深刻意義。

我們將「分析型競爭者」定義為一個廣泛而系統地使用分析手段，以使自己在競爭中脫穎而出的企業組織。達

文波和哈里斯研究 371 個中型到大型企業組織後發現，分析手段最細膩且最成功的企業組織呈現了 4 個共同特徵：

1. 分析手段支援策略性的、獨特的能力。
2. 分析手段的運用和管理是施於整個企業的。
3. 管理高層都致力於使用分析手段。
4. 公司在以分析為基礎的競爭中投下策略性的賭注。

　　他們發現，運用分析手段的競爭者能取得卓越的業績。埃森哲（Accenture）和麻省理工學院的一項研究發現，92% 的高績效企業組織自稱藉由分析手段而獲得了顯著的投資回報率，而在低績效企業組織中，此一比率只有 24%。他們發現，有些企業組織儘管選擇了最好的技術，但他們的變革能力卻限制了他們利用分析手段獲致成功的機會。[101] 主要因素是：

* 缺乏分析先見，無法恰當贊助。
* 無法扭轉文化。
* 政策因素導致無力改變。
* 利益相關者的參與太少。

　　至關重要的是，達文波特和哈里斯的研究發現，只有 5% 的企業組織符合分析型競爭者的標準，這說明了傳統企

業組織在數據和分析轉型上需做重大努力。讓我們回顧分析型競爭者與指數表現之間的關係（其中只有8%的《財富》前100強的企業組織夠格稱得上指數級的）。就我們所知，指數型組織的一個基本特徵便是它們懂得利用數據、分析手段和演算法來實現卓越的績效。那麼企業組織是如何變成分析型競爭者的呢？研究人員還確定了企業組織在數據分析手段轉變過程中所經歷的 5 個成熟階段（見表 F）。

第三次工業革命中的科技將許多企業組織及其提供之產品和服務的競爭優勢去物質化、去中介化並且拆解了。全球化又進一步削弱了產業、企業組織和政府所依賴的任何地理優勢或是保護政策優勢。人工智慧及其執行已經成為重新定位競爭格局並將贏家與輸家區分開來的新領域。數據和分析手段才是實踐卓越之市場和經濟績效的能力。

「預測性的分析手段」（predictive analytics）釋放了數據的力量，而數據正是世界上最蓬勃發展的非自然資源。我們將「預測性的分析手段」定義為「從集中的現有數據提取資訊以確定模式同時預測未來」的做法。這不應與「描述性的分析手段」（descriptive analytics）相混淆，因為後者只用於解釋歷史數據和可能發生的情況。它也不應該與「規範性的分析手段」（prescriptive analytics）相混淆，因為它屬於專門尋找最佳行動方案的商務分析領域。企業組織中使用的分析手段類型不應被視為「非此即彼」的選擇。它們都在組織的分析能力中都發揮重要作用。

表F：分析型競爭力的成熟階段

階段	能力獨特性	目標
分析手段的弱者	尚待開發，「盲目飛行」。	取得精確數據以改善營運。
局部的分析手段	局部性的、投機性的，可能尚無法支持公司的獨特能力。	運用分析手段以改善一個或多個功能性活動。
分析手段的有志者	開始追求更完整的數據與分析手段。	運用分析手段以增進獨特的能力。
分析型公司	企業的全面遠景，能夠使用分析手段站上優勢地位，知道該如何做才能晉升到下一級。	建立廣泛的分析能力，差異化的分析手段。
分析型競爭者	企業範圍內的重大成果，持續性的優勢。	分析手段高手——在分析手段上完全具競爭力。

資料來源：達文波特和哈里斯

　　如今，技術從數據和經驗中學習，現在已能夠預測行為。我們生活在一個渴望知情的、事事講求預測的社會中。

　　我們生活的某些方面都被「預測」了，無論是公司向我們發送廣告、保險公司為風險定出價格、政府審核權益（或是租稅規定）、執行法律還是醫院治療疾病。但是預測似乎違背了自然的規律：你並無法看到未來，因為它還沒有到來！我要向《魔鬼終結者》的粉絲說聲道歉，「我將回來」目前仍然只是一個想像場景。因此，我們開發以及建構能從經驗中學習的技術，為未來發生的事提供準確的賠率。「我將回來」，但是信心水準為零。

人工智慧

　　當代對於人工智慧概念的應用是隨著我們對大腦運作方式的了解而不斷發展的。它早期的用途主要是透過算術和記憶等功能來進行複雜計算。今天，它則側重於模擬人類的決策過程以及執行複雜的人工任務。

　　由於性價比成本呈指數狀態下降以及電腦能力與儲存量的增加，人工智慧已經找到了自己的定位。鋪天蓋地而來的數據也促使人工智慧成為一種應對機制。過去的 10 年見證了演算法前所未有的進步，其中許多都與機器學習有關。將機器學習應用於大量數據組、使用演算法檢測模式和趨勢然後學習如何預測以及推薦，這種能力是一項重大的突破。深度學習雖只是機器學習的一個組成部分，但卻可以處理更廣範圍的數據組。深度學習具有基於演算法的、被稱為神經元（neuron）之計算器的互連層，藉由數據的相互回饋而形成神經網絡。

　　人工智慧已廣泛應用於消費者市場。以語言為基礎的虛擬助手（例如谷歌的智慧助理、微軟的 Cortana 以及蘋果的 Siri）如今已透過我們的智慧手機、智慧車輛和智慧住宅而被廣泛使用。商業應用也正在迅速發展，例如解讀執行視覺巡弋甚至救援情況之自動駕駛飛機所發送回來的影像。在澳大利亞，救生員使用這種飛機拯救了兩個在新南威爾士州勒諾克斯亥德溺水的人。[102] 這些自動飛機不僅用於定

位遭遇危險的游客，而且還能在救援人員到達前將救生漂浮設備送到他們身邊，而且一切行動都是在自動飛機發射後的 70 秒內完成的。

科技公司現在正處於競爭的態勢中，正如我們在中國經濟數位化個案的研究中所看到的那樣，這種競爭已在各國之間展開。具領先地位的公司包括 IBM 的 Watson 技術和谷歌的 DeepMind 和 AlphaGo 技術。科技公司投入數十億美元來開發作為雲端賦能平台的人工智慧功能，並且使其能夠擴展，同時部署在全球各地。這些科技公司並不是唯一利用這些服務的公司，它們還透過雲端平台為其他希望使用機器學習人工智慧模式的企業組織展示這些服務，提供語音、視覺、語言和辨識等方面的隨選服務。

人工智慧有哪些好處？

根據普華永道公司的研究，[103] 人工智慧可以帶來 15 兆 7,000 億美元的國內生產毛額增長，同時提高生產力和個性化。該研究稱，由於人工智慧的開發，2030 年全球國內生產毛額可望增長 14%，其中生產力的提高可以占約一半。普華永道還報告，人工智慧最大的經濟收益者將是中國（到了 2030 年，國內生產毛額增加 26%）和北美（增長 14.5%），相當於 10 兆 7,000 億美元。為什麼這些國家要參與人工智慧的競賽就不言而喻了。

從行業層面來看，這項分析揭示了那些受益最多（得分為 5）和最少（得分為 1）的（見表 G）。

表G：企業因人工智慧的獲利

產業	因人工智慧而獲益
醫療保健（供應商、醫療服務、製藥、生命科學、保險、消費者健康）	3.7
汽車（售後市場和維修、零件供應商、個人用運輸載具、委託代工、貸款）	3.7
金融服務（資產財富管理、銀行和資本、保險）	3.3
運輸和物流	3.2
科技、通訊和娛樂	3.1
零售（消費品）	3.0
能源（石油和天然氣、電力、公用事業）	2.2
製造業（工業公司、產品、原料）	2.2

資料來源：普華永道公司

人工智慧的爆發意味著：在未來的 5 年內，我們可能會看到人工智慧的競爭者出現在許多領域中。對於努力轉變其數據和分析環境的傳統企業組織而言，分析型競爭者將能以傳統企業組織難以察覺和回應的方式和規模攻擊其商務模式。這種巨大飛躍正將我們的思維從這種資源及其豐富性轉移開並看清它正成為首要的組織智慧。

就產業層面而言，高等分析和人工智慧的應用例子正在迅速出現。雖然高等分析相對於人工智慧具有更大的價

值創造潛力，但這些例子所呈現的最大潛在價值平均分配在行銷和銷售以及供應鏈管理和製造之間（見圖65）。[104]

圖65：**按功能區分的價值創造（單位：兆美元）**

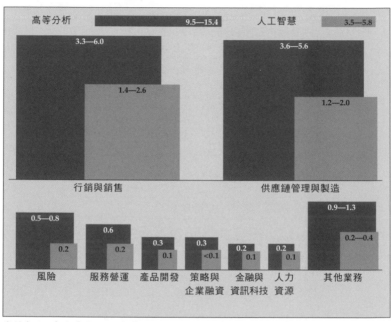

資料來源：參見《關於人工智慧的新領域：深度學習的應用和價值》（*Notes from the AI frontier: Applications and value of deep learning*），2018 年 4 月，麥健時全球研究院，www.mckinsey.com。©2018 年麥健時公司。版權所有。經許可後轉載。

　　這突顯了人工智慧在創造收益和營運效率方面可以改善商務模式績效的潛力。但是，就功能層面而言，相對於產品開發、策略和公司財務以及人力資源管理，風險管理、合規審查（compliance）和服務營運才最有可能藉由使用高

等分析和人工智慧來創造更大的價值。

我在本章開頭引用被譽為現代品質管理之父愛德華茲·戴明的名言「我們信仰上帝，而人帶來數據」。根據報導，戴明在第二次世界大戰後參與了日本的經濟重建。從那段時間到 1980 年代，日本歷史的特點便是其規模化製造與全面品質管理實踐的興起。如要考慮戴明原則的重要性，那麼這個時刻就最具意義了，也就是說，數據評量和分析手段對於商務各方面的卓越績效都和今天一樣至關重要。

不過，雖然戴明的理念已經被世人熟知並且推崇了一段時間，但是領導者對數據和分析手段在實現績效上的信任，以及對自己企業組織之數據和分析能力的信心兩者之間仍存在重大的差距。根據佛勒斯特顧問公司（Forrester Consulting）為畢馬威國際（KPMG International）針對全球 2,200 名資訊科技和商業的決策者所進行的委託研究，[105] 有 35% 的人表示高度信任自己企業組織的分析手段，6% 的人表示目前並不信任，並且不願意使用自己企業組織的數據。儘管有 92% 的人關心分析手段對其組織之企業聲譽的影響，情況仍然如此。

在國家的層面上，該研究發現了廣泛的信心水準。例如，印度對數據和分析手段的信任度最高，達 65%，而英國最低，僅為 21%。當談到積極的不信任或是不願使用其組織的數據時，英國的比率最高，為 15%，而巴西和中國

最低，僅為 2%。

　　我們在本章中已經看到，不僅數據量預計會以指數的方式增長，而且到了 2025 年，預計三分之一的數據將成為我們日常生活的關鍵。重要的是，我們已經看到，在物聯網中，90% 的數據需要某種形式的安全防護，但預計只有不到一半將會受到保障。如果企業組織不用策略上的優先排序來彌補這一差距，這將對人工智慧和數據驅動之世界的信任產生遞增的負面影響。原先透過人工智慧預期可以獲得的好處將無法在國家、企業組織和個人的層面上實現。

　　在人類所努力從事的東西中，沒有比人工智慧更重要的了。我認為它比電力或用火意義更加深刻。

　　　　　　　　　　　　——桑德爾‧皮查伊｜谷歌首席執行長

章節摘要

- 數據已發展為關鍵的、嵌入的、即時的和行動的。

- 新興的認知系統將數據分析轉化為智能，以更低的成本在速度、規模和品質上複製人類的行為和判斷。

- 它的發展速度超過了安全防護措施的發展速度，從而產生風險。

- 分析型競爭者在生產力和盈利能力方面表現優於同行，這反映了傳統的企業組織必須進行重大轉型。

- 人工智慧的爆發意味著在未來 5 年內我們可能在許多領域中都會看到競爭對手。

- 人工智慧透過提高生產力和個性化可以推動 15 兆 7,000 億美元（14%）的國內生產毛額增長。

- 雖然高等分析相對於人工智慧具有更大的價值創造潛力，但兩者的價值平均分配在行銷和銷售以及供應鏈管理和製造之間。

- 然而，釋放人工智慧的潛力需要以下兩者之間的差距：對企業組織數據和分析手段的信心，以及其對企業聲譽影響的擔憂。

- 在短期內，上述差距如不縮小，組織信任的風險將進一步加劇。

10

第四次工業革命
無論你是否準備就緒，它都會很快來臨

在動盪時期最大的危險不是動盪，而是以昨天的邏輯行事。

——彼得・杜拉克（Peter Drucker）｜管理顧問、教育家和作家

如果說國家和企業組織尚未充分利用第三次工業革命，那麼它們對第四次工業革命已準備到何種程度？《德勤全球》（Deloitte Global）和《富比世觀察》（Forbes Insights）對 19 個國家的企業和政府部門 1,600 百名 C 級管理人員提出上述問題後歸結出「還不太有準備」的答案。只有 14% 的人表示他們已在 4 個關鍵領域（社會影響、策略、人才和技術）中準備妥當。[106]

　　該研究還發現：

- 私營部門被認為對第四次工業革命如何塑造社會的影響最大（公共事業組織 74%，私營企業組織 67%）。
- 儘管如此，高階主管對自己企業組織可能對社會因素發揮影響的程度沒有信心（變革推動者 24%，對服務不足的市場提供服務／可接近性／可負擔性 19%）。
- 高階主管認為，在接下來的 5 年中，不斷變化的法規和新交付模式的出現將對其企業組織產生最大的影響（不斷變化的法規 41%，新的交付模式 40%，經濟貿易格局 32%）。
- 雖然高階主管認清應投資技術來推動商業新模式的需求，但由於缺乏策略調整且只關注短期效益，導致企劃案抑制了投資（缺乏策略調整 43%，與夥伴間缺乏合作 38%，近利主義 37%）。
- 相對於所有受檢視的企業組織，高成長的企業組織更常

將自己視為「社會建築師」以及商業領袖。

調查的結果揭示了一些有趣的矛盾。一方面，高階主管絕大多數（87%）認為，在「這場革命將如何塑造社會」的問題上，私營部門發揮的影響最大，但同樣的樂觀態度並沒有反映在他們對自己組織的看法上（24%）。在個人層面上，只有三分之一的人有信心在自己的企業組織中擔任管理角色，只有 14% 的人對於自己企業組織準備好從這場革命中受益的事充滿信心。

儘管認識到新業務和新交付模式的出現將造成最大威脅，但是高階主管人員仍然優先考慮傳統業務營運和模式的策略。在勞動力方面，86% 的高階主管表示自己正在盡一切努力為這場革命創造更好的勞動力，但不到四分之一的人對自己擁有適合這場革命的勞動力結構以及技能非常有信心。

企業組織或是政策如果利用舊日的邏輯來養成領導者，那麼就無法讓領導者走上第四次工業革命的正確軌道。我們需要新的思維，因為歷史沒有先例可讓我們用於擘劃未來。這場革命不但建立在數位革命的基礎上，而且在速度、影響力和規模方面，它都將與其他的不同。這將是一個網路與實體的社會系統，其特點是融合了實體、數位和生物世界的新科技，預計將影響全球所有的學科、經濟和產業。

預計這場革命也將見證人工智慧、機器人、物聯網、自動駕駛汽車、區塊鏈、3D 列印、量子計算以及奈米技術等領域出現突破性的技術。

　　為了充實本章內容，我會參考世界經濟論壇克勞斯・施瓦布和尼古拉斯・大衛（Nicholas David）的尖端研究、開發以及領導能力，也就是他們在著作《塑造第四次工業革命》[107] 中所描述的內容。

是什麼讓這場工業革命與眾不同？

　　根據世界經濟論壇的研究，以下 3 個原因可以解釋為何它不僅是第三次工業革命的延伸，而且是截然不同的東西。且讓我們回顧一下這些原因：

1. **指數時間與線性時間**。我們在第八章探討了以平台為基礎的、數據密集的和輕資本的模式如何展現出 4 種截然不同的特徵。首先是**乘法效應**，其演算的性價比大約每隔 18 個月就翻 1 倍。其次是**資訊賦能**，一旦產業、產品或技術被資訊化了，其性價比大約每隔 1 年就翻 1 倍。第三是**全速前進**，一旦倍增的現象啟動就不會停下來。最後是**指數技術**，亦即資訊賦能技術。我還在前幾章強調了千禧世代的人口規模、經濟實力、職場影響力以及技術影響力，如何改變現今以更具指數方式呈現的需求

和供給曲線。

2. **能力增強**。在第八章中，我分析了各個產業和企業組織中的顛覆現象，指出領導者和企業組織尚未充分利用第三次工業革命所提供之技術的全部潛力，導致他們對新興技術的提升無法做出足夠的準備。在第五章、第六章和第七章中，我探討了信任危機、千禧世代的改變職場偏好，以及壽命延長對於未來之需求和技能以及生產和企業在社會中之作用的影響。

3. **系統影響**。我們在第八章探討了顛覆現象藉由去中介化、去物質化和拆解而造成的價值鏈重組效應，也探討了商業新模式的出現如何改變生產、消費以及執行等面向。我們將中國經濟的數位化當成一個個案研究，探討一個國家及其產業、投資政策以及計畫如何支持轉型。

　　在過去的 10 年裡，性價比已經使處理能力、頻寬和雲端基礎設施的成本呈指數級地下降。現在，這正推動了融合數位、實體和生物世界的新一代新興技術。現在讓我們依次檢查其中的每一項。

數位世界

　　如前所述，我們如今已生活在「行動媒體至上」的世界裡，到了 2020 年，智慧手機的全球普及率將達到全球人

口的 60%。預計到了 2050 年，全球 86% 的人口都將住在都市，而隨著以數位方式連結的程度越來越高，這些城市將變得更加智慧。物聯網代表的是連接技術的匯聚，而且預計到了 2025 年，將會有 200 億個設備被串聯起來，即每個參與互動的人都擁有 3 個，而且每天透過連接設備進行大約 4,800 次的互動。有些分析師預測，感測器數量更可高達數兆個。重要的是，這些將成為相互連接的生態系統。物聯網將成為 21 世紀能源數據（energy data）的關鍵推動因素之一。

根據預測，到了 2025 年，20% 的數據對我們的日常生活都會變得十分重要，10% 則是極端重要。同樣根據預測，25% 的數據將是即時數據，且有 95% 來自物聯網數據。認知系統（機器學習、自然語言處理和人工智慧）會將數據分析轉換為智能，並以高速、大規模、高於人類素質以及較低成本的方式自動化並複製人類的行為和判斷。這就是物聯網如此重要的原因了。但隨著我們連網比率呈指數性成長，這對我們的網路安全也構成了指數性威脅。2025 年創造的數據中有 90% 需要某種形式的安全保障，但預測只有一半可以如願。

互連性將繼續從根本上改變我們管理生活、商務、產業和政府的方式。供應鏈將變得更有效率，資產獲得更好利用，醫療保健透過監控系統獲得更好管理，交易能以「可信賴的」即時方式加以處理，犯罪因此獲得預防等等。

這些技術支援平台的影響將是深遠的，從而產生消費商品和服務全然的新方式，也就是所謂的**「隨選經濟」**（on-demand economy）。在第八章中，我們探討了以平台為基礎的、數據密集的、輕資本的指數模式例子（例如優步和阿里巴巴）。重要的是，我概述的這些模式都呈現了新的**「經濟實體」**（economic physics），其中供給或需求的邊際成本幾乎為零。隨選經濟降低了障礙，讓顛覆現象全球化，以至於 2017 年有 1,640 億美元的風險資本流入個人以及企業。這些平台讓生產以及稀缺資源需求和供應的規模脫鉤，進而使世人對「所有權與使用權」產生了疑問。

讓我們來看看一些關鍵技術的發展。

量子計算（Quantum computing）

量子電腦的設計建立在量子力學原理基礎之上，並且利用了複雜的自然規律，然而這些規律始終存在，只是隱藏在我們的視野之外。普通電腦需要將數據編碼為二進制數字（其訊息單位為 0 或 1），而量子計算機則採用量子位元（qubits），並且根據物理學的兩個關鍵原則運算：疊加（superposition）和纏結（entanglement）。疊加意味著每個量子位元可以同時表示 1 和 0。纏結意味著疊加中的量子位元可以相互連結。可以藉由量子計算徹底改變的領域和產業包括：[108]

- **醫藥和材料**：解決分子和化學相互作用的複雜性，從而發現新的藥物和材料。
- **供應鏈和物流**：發現超高效物流和全球供應鏈的理想解決方案。
- **金融服務**：發現為金融數據建立模式的新方法，並在金融市場中隔離關鍵性的全球風險因素。
- **人工智慧**：當數據集非常龐大時，可讓機器學習等人工智慧的面向更加強大。

量子計算有許多物理和工程方面的問題仍然沒有獲得解決。其中最重要的是信任和安全。量子計算有能力破壞我們當前計算環境中使用的許多加密技術。我們需找到抗量子的新加密技術。

區塊鏈和分散式帳本技術

分散式帳本使用許多獨立的電腦（節點）進行記錄、共享和同步化其數位帳本中的業務。相比之下，傳統的分類帳技術則將記錄集中保存在可信賴的帳本中。區塊鏈是一種分散式帳本。

分散式帳本技術具有變革性，因為相對於集中式的系統，它預計會更高效、更有彈性和更可靠。它可以透過去中介化（屏除中間人）、拆解（將過程拆成組成部分）和去物質化（從實質形式轉變為數位形式）來重組價值鏈。

跨產業應用正在金融服務、政府、製造和結算系統中出現。由於這種新的顛覆性技術促成全球網絡的興起，這得以使產業、政府和私營部門能夠解決許多法律、監管、技術和誠信的問題。

區塊鏈和分散式帳本使用加密和對等網路[i]轉移來創建不可更動的數位紀錄（資產、貨幣、證券、土地所有權、智慧合約[ii]等），而不需要中心權威機構的介入。共識據說能使參與各方之間儲存和共享的資訊既準確又透明，這也允許資訊的驗證以及不變性，完全不需要一個受信任的第三方記錄細節。該技術也是一種可編程的軟體，這意味著它可以在沒有人為介入的情況下驗證交易，從而提供智慧合約的潛力。該技術的分散式信任的面向，可以藉由為監管鏈創建不可更動的唯一身分和可驗證的紀錄來使供應鏈受益。

該技術計有 4 種拓撲結構。首先是基於聯合體的區塊鏈，其中的預選組可以控制共識；其次是由單一參與者控制的私人區塊鏈，由它決定誰可以查看、寫入和參與共識；第三是公共區塊鏈，任何人都可以查看、寫入和參與共識。

---

i 譯注：對等網路（peer-to-peer）又稱對等技術，是無中心伺服器、依靠用戶群（peers）交換資訊的網際網路體系。它的作用在於：減低以往網路傳輸中的節點，以降低資料遺失的風險。

ii 譯注：智慧合約（smart contract）是一種特殊協議，在區塊鏈內製定合約時使用，其中內含了程式碼函式（function），亦能與其他合約進行互動、做決策、儲存資料及傳送以太幣等功能。

最後是半私人區塊鏈,這雖然也是由單一參與者運作,但是他們允許符合預設標準的他人利用。該項技術正在開發下列的一些用例:

- **加密貨幣**:最著名的一項應用即比特幣,被視為去中心化的虛擬貨幣。
- **供應鏈和物流**:自動執行的合約可以轉移風險、價值和保險,核實交易或任何相關的索賠,包括事前和事後的授權和指令。
- **貨幣兌換和匯款**:可能是最先進的使用例子,金融機構的專注重點在於跨境支付,其先驅包括「瑞波幣」(Ripple)。
- **原產地和監管鏈**:農業中的時間戳記特徵(例如:從產地到餐桌)。
- **紀錄管理**:改進醫療紀錄管理,以儲存醫療保健數據以及管理醫療紀錄。
- **去中心化的市場**:使人們可以在任何地方都可以互相交易而無需機構介入。

　　麥健時公司在多個產業中找出了該技術的 60 種新用例。[109] 然而,他們發現,金融服務是支付和資本市場領域最主要的關注點,其中重要的價值創造潛力估計在 70 至 85 億美元之間。他們還預測:到了 2023 年,區塊鏈技術將發

揮其全部的潛力。

這項技術發展與眾不同之處在對於協作要求。金融服務機構可說是這方面的先鋒，展示了他們透過標準、法律、規範、商業和其他議題為這項技術的使用創造生態系統。這方面當然仍存在重大的挑戰，例如法律模稜兩可或是技術基礎設施和標準只能透過產業的協作轉型來解決。

物聯網

物聯網被形容為互相連接並且相互關聯的實體設備、電腦、系統、軟體、嵌入式電子設備和感測器，它們會根據指定的要求收集和處理數據。

預計到 2025 年時，將有大約 200 億台設備被串聯起來，全球物聯網市場將從 2016 年的 1,570 億美元增長到 2020 年的 4,570 億美元。[110] 分析師預測，全球市場的占有率將由 3 個部分主導：智慧城市（26%）、工業物聯網（24%）和連網健康管理（20%）。其他產業包括：智慧家居（14%）、連網汽車（7%）、智慧設施（4%）和可穿戴式設備（3%）。[111] 物聯網對全球經濟的潛在影響預期很高，據世界經濟論壇和埃森哲估計，到了 2030 年，其規模將達 14 兆美元。[112]

根據麥健時公司的研究，[113] 到了 2025 年，物聯網將具有 3 兆 9,000 億至 11 兆 1,000 億美元的潛在經濟影響（見圖 66）。根據其分析，我們可以看到，無論是最低估計或是最高估計（1 兆 2,000 億至 3 兆 7,000 億美元），物聯網在

工廠中的工業用途都可能發揮最大的影響力，其次是智慧城市（9,300 億至 1 兆 7,000 億美元）。

　　支撐這一價值創造的是下列這三個能力領域：

- **數據**。感測器以及其他設備可以根據事件、性能和狀態生成情境脈絡數據，使工廠能夠以最佳方式運轉，並接受預定的保養維護，從而避免不利於生產性的故障停機，進而改善物流的及時盤存調節。在智慧城市中，公共安全可以改善、運輸可被優化（後者將可減少交通壅塞對社會、經濟和環境所造成的衝擊）。
- **系統協作**。連接到同一網絡的設備可以在數據和指令上相互協調配合以求提高效率。
- **互動式的聯網設備**。與人工智慧相結合可以實現優化，例如能源管理和零售服務的自動化。

　　如能擴大面向客戶的活動，最終提升客戶的體驗、產業營運效率及其供應鏈和價值鏈的改善，可以為第二波的價值創造機會。但是，如第九章所述，物聯網如果要發揮其全部的潛力，解決相關設備的安全缺陷、文化接受度、隱私問題，以及如何參考和利用物聯網生成數據的法律和規範等問題將至關重要。

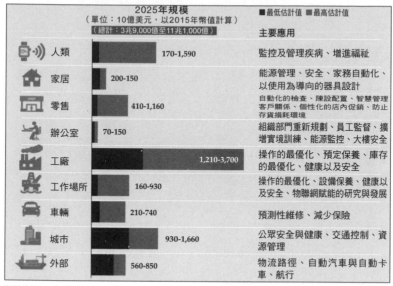

2025年規模 (單位：10億美元，以2015年幣值計算) (總計：3兆9,000億至11兆1,000億)	■最低估計值 ■最高估計值 主要應用
人類 170-1,590	監控及管理疾病、增進福祉
家居 200-150	能源管理、安全、家務自動化、以使用為導向的器具設計
零售 410-1,160	自動化的檢查、陳設配置、智慧管理客戶關係、個性化的店內促銷、防止存貨損耗環境
辦公室 70-150	組織部門重新規劃、員工監督、擴增實境訓練、能源監控、大樓安全
工廠 1,210-3,700	操作的最優化、預定保養、庫存的最優化、健康以及安全
工作場所 160-930	操作的最優化、設備保養、健康以及安全、物聯網賦能的研究與發展
車輛 210-740	預測性維修、減少保險
城市 930-1,660	公眾安全與健康、交通控制、資源管理
外部 560-850	物流路徑、自動汽車與自動卡車、航行

資料來源：參見《物聯網看出大肆宣傳背後的價值》（*The Internet of Things Mapping the Value Beyond the Hype*），2015 年 6 月，麥健時全球研究院，www.mckinsey.com。©2018 年麥健時公司。版權所有。經許可後轉載。

實體世界

迄今為止，該領域的開發主要表現在自動駕駛汽車、3D 列印、高級機器人和新材料上。讓我們來檢視這其中的每一項。

人工智慧和機器人技術

人工智慧和機器人技術的結合在 2018 年消費電子產品

展（當然還有 2018 年冬季奧運會）都占有重要的地位。人工智慧是機器人領域數一數二令人振奮的領域，也是工程研究重要的跨學科領域，其中包括機械結構、電子元件和電腦編程以及人性化機器介面技術。

　　材料科學、移動技術和感測技術的突破改進了連網機器的協作，也改進了它們在不同環境中移動的能力。認知能力使它們能被精心編排，正如我們在 2018 年冬季奧運會開幕式中看到之自動機的飛行表現那樣。人工智慧允許機器以自主方式執行複雜的飛行和互動。

　　人工智慧和機器人技術的結合在責任和問責等領域引發了許多複雜的議題，例如「無意識的程式乖離」（unintended programmatic bias）、數據監管以及解決系統中自主和非自主參與者之間衝突的機制。

　　汽車產業一直是裝配線自動化機器人的最大用戶之一。但正如我們在第六章所探討的那樣，未來的幾年內，所有產業都將受到自動化的影響，許多經濟部門將在提高生產率、勞動力導向之就業機會的消失、創造新的工作和服務等等方面受到影響。製造業、運輸業和物流業可能會繼續投資以便進一步改善生產、裝配和分銷。但是其他行業也正開始迅速採用這些技術，例如：

- **製造**：裝配線，例如汽車工業。
- **礦業**：從地下開採並加工礦物。

- **醫療保健**：外科手術。
- **農業**：雜草和農藥管理。
- **娛樂**：科幻電影。

中國、印度、德國和美國等擁有重要製造業的國家可能會成為第一批的投資者，而且由於它對勞動力市場的大規模衝擊，當前這些政府的政策制定將面臨重大的挑戰。然而，人工智慧和資訊流程自動化的加速採用將使其影響擴大到許多其他的部門以及較不倚重製造業的經濟體。

自動駕駛汽車

自動駕駛汽車是 2018 年美國消費電子產品展的主要展品之一，並以「自動化」為主題。主要展示的研發成果為：

- 豐田的 e-Palette 共享電動概念車：這款車為全自動化的、未來世代的、電池供電的電子汽車，旨在為一系列「公共運輸行動服務」的業務提供可擴展的和可客製化的服務。
- 來福車（Lyft，一家共乘公司）：為使用者提供了在拉斯維加斯 20 個地點的自動駕駛服務。
- 圖森未來（TuSimple）：成立於 2015 年的這家中國公司展示了其自動駕駛卡車的技術。
- 出租的自動飛行機：設計來應付許多城市的交通堵塞問題。

正如 2018 年韓國平昌冬季奧運會開幕式所展示的那樣，自動駕駛汽車不再是單打獨鬥的設備，而已發展成為彼此同步協作甚至自我組織的車隊。

3D 列印以及積層製造（additive manufacturing）

包括從數位三維模型出發、以層層疊加方式生成實體物品的一系列流程和技術。根據 ABC 新聞的報導，[114] 這一發展可能比網際網路對於經濟和社會產生更大的影響。產業分析師認為，我們才剛剛開始了解這些技術的潛力。最初，3D 列印被用於原型的快速生成，目的在於快速追蹤以及降低產品開發的成本，但現在大家正考慮對它進行更廣泛的應用。

據麥健時公司的研究，[115] 3D 列印的經濟影響是非常顯著的。預計到了 2025 年，每年的產值將達到 100 至 250 億美元，主要來自航空以及國防、汽車、醫療和日用消費品等產業。

該技術容許分散式的、可客製化的新生產方法。例如，該技術有可能使生產過程更接近目的地，甚至直接在客戶處生產，藉此消除與大規模生產相關的物流和供應鏈成本。該技術的分散式特性可藉由較小的批次處理降低生產風險。由於生產和分銷模式轉向更加本地化的隨選模式，這將對全球經濟產生重大影響，也將減少開發中國家與已開發國家之間進出口的不平衡現象。

受益於此技術的一些行業包括：

- **醫療和牙科**：允許客製化和個性化，以滿足髖關節和膝關節植入、牙冠和義肢等物品的醫療標準。雖然可能還需要幾十年的發展時間，但是這項技術正被研究和開發以用於列印皮膚、骨骼、組織和人體器官。
- **航空**：奇異／莫里斯科技（GE / Morris Technologies）、空中巴士、勞斯萊斯、英國航太系統（BAE Systems）和波音等航空公司一直將該技術用在其研究和開發中。
- **汽車**：為賽車的高性能設備以及大量生產的車輛設計製造原型。為了避免庫存，業者正逐漸使用該技術來隨選生產備料零件。
- **珠寶**：減少製造過程中對高度專業知識的依賴，例如製造、模具開發、鑄造、電鍍、鍛造、金銀加工、寶石切割、雕刻和拋光。
- **建築**：為建築或工程設計製造原型模型，一些有先見之明的建築師正在研究直接施工方法。

目前已有人在研究四維（4D）技術，該技術預計開發出能隨著環境的變化而自我調整的產品。

高級機器人技術

2018 年平昌冬季奧運會不僅是運動員（或自動駕駛飛

機）相互較勁的盛事，連機器人也有自己的滑雪錦標賽，並且還有 85 個機器人負責供應飲料、清潔地板、在魚缸裡游泳，並在機場引導遊客。它們身高超過 50 公分（20 英寸），擁有獨立的動力系統，能以兩腿站立並具有可彎曲的膝蓋和手肘。總計有來自大學、研究機構和私人公司的 8 個團隊參加了威里希利公園滑雪勝地的機器人滑雪比賽，第一名的團隊可獲得 10,000 美元的獎金。

韓國在冬季奧運比賽期間展示的是先進機器人技術的廣泛應用，其範圍超出了任務型的特定應用。新一代的「協作式機器人」（Cobots）如今變得具有適應性、靈活性和功能性，使得人類、機器和環境之間的交互和協作成為現實。人工智慧使決策能夠獨立地被做出，而任務的執行可以適應不斷變化的條件。我們在許多產業中都可以看到這項技術的研究和開發正在迅速發展的例子。在醫學研發中，血液奈米機器人（blood nanobot）的發展已做到能模仿人體血液細胞的地步。它們可以打擊疾病和細菌，並最終能夠提供比現有方法強效數千倍的化學療法，卻沒有太多的副作用。

哦，順便介紹一下世界上第一個滑雪機器人錦標賽的獲勝機器人吧！那是迷你機器人（Minirobot）公司製造的一個 125 公分（50 英寸）高、43 公斤（95 磅）重的「跆拳 V」（Taekwon V）。真恭喜它。

新材料

　　更輕、更強韌、可回收，且傳導性、透明性和調適性均佳的新材料正在出現，例如：生物塑料，它足夠輕，飛得起來，又足夠薄，具彈性和塑性；超薄鉑氫燃料電池（platinum-hydrogen fuel cell）汽車，未來可提供無汙染的運輸；石墨烯（Graphene）具有強韌性、傳導性和柔韌性等特質，可以應用於下一代的電子設備，甚至可被縫進我們的服裝；Stanene 則是一種包含錫原子的拓樸絕緣體，科學家說它是電腦中銅質互連線下一代的自然繼承者。

生物學

　　拯救生命的潛力是第四次工業革命最令人興奮的一項發展。15 年來的技術突破已大大降低了科學研發和開發的成本。隨著電腦計算能力的提高，透過人工智慧發展的數據智慧將可實現高度針對性的治療，從而改善生活品質。這些突破為基因定序（genetic sequencing）以及基因編輯（gene editing）等一系列下一代新領域的科學創新鋪路。合成生物學是一個新興的研究領域，能夠設計和建構新的人工生物途徑、有機體或裝置，或是重新設計現有的自然生物系統，為醫學和農業的新方法開闢了思路。

　　不過，還有一些非常重要的道德、社會和法律問題需要加以解決和規範。

這將挑戰我們對「人類意味著什麼」的概念、對應該分享我們身體哪些資訊，像是對 DNA 的看法以及世人對基因權及基因修改權的意見。編輯和修改生物界（植物、動物和人類有機體）的能力提供了思考食品生產、疾病管理和醫學的新方法。在學者、科學家、機構、政府和社群解決這些問題的同時，我們將探索生物科技、神經科技和腦科學的可能性和進展，以及它們如何作用於我們身上並改變我們在世界上發揮功能的方式。

生物技術

幾千年來，人類一直在醫學和農業中使用生物技術。我們使用活的有機體來製造和修正產品，或是在生物工程、生物醫學工程、生物製造以及分子工程等領域持續邁進。

生物技術為 3 大主要產業提供了可能性：醫療保健、農作物以及非食用作物（例如生物燃料、生物材料和植物油）的生產。其應用的例子包括：

- **醫療保健**：依賴患者分子構成和基因體學、轉錄組學、蛋白質體學、代謝和微生物學等方面的複雜數據以提供精準的客製化療法。
- **農業**：食物安全（滿足全球對食物及其品質與醫療保健的需求）。基因編輯（促成精準的作物改良）。
- **生質煉油廠**：利用可再生原料生產生質燃料（依賴微生

物的催化特性以及重複利用二氧化碳）。

融合生物科技與數位科技之生物科技研究的效率透過計算能力、機器學習能力以及為大量數據添加智能的平台獲得極大的改善。這提高了我們設計、測試的能力，並且為以前無法應付的問題開展精確的解決方案。

神經科技

神經科技幫助我們了解大腦以及如何影響意識、思維以及大腦的進階活動。大腦成像技術的發展已經徹底改變了這一領域，其他的發展還包括將我們正在思考的內容加以解碼以及對於影響我們大腦之新化學物質的研究。新技術可以對大腦中的化學和電子訊號進行測量、分析、解釋與形象化。它們提供了解決當前神經系統疾病和身體殘疾的機會。預計這些技術將在以下領域帶來新的醫學突破：

- **對大腦進行讀寫**：提供修正缺陷或增強功能的能力，例如探入思想（thought access）和影響思想（thought influence）。
- **啟動新形式的認知計算**：對於大腦運作功能的認知若能提升，即可改進機器學習演算法的設計。
- **感知作用**：以更精確的方式影響大腦，例如我們的自我意識以及「什麼構成現實」。

神經系統疾病在經濟和社會方面正影響全世界的人。這些新技術將提高我們診斷、治療和預防阿茲海默症、帕金森氏症、憂鬱症和焦慮症等疾病的能力，同時改善受這些疾病影響的人的生活品質。它們還藉由提高個人生產力、個人化教育、知識和學習來提升經濟效益。

虛擬現實、擴增現實與混合現實

虛擬現實、擴增現實以及混合現實是高度身歷其境的視聽技術。電腦處理、視覺顯示和無線技術等方面的發展在其應用上已取得了重大的進展。虛擬現實、3D 立體、多感官技術可以利用設備以高度沉浸和逼真的方式實現互動，而擴增現實的技術則是實體世界環境之生動的、直接或間接的觀看。這是將我們想像的或想要體驗的東西實質化了。

那些元素都是藉由電腦生成的感官性輸入（sensory input）而獲擴增的，例如聲音、影像以及圖形等。混合現實將數據資訊和虛擬物體的分層帶入環境中。這些技術正在徹底改變我們與世界互動的方式，創造出許多人通常無法企及的體驗。

隨著這些技術的平台和服務創造出了價值，「想像經濟」於是被開發出來了，為世界任何地方的消費者提供了關於消費體驗和內容的全新管道。神經技術和奈米技術的進步可以使我們以思想控制虛擬現實。「虛擬視網膜投射」（Virtual retinal displays）、「光場投射」（light field displays）以及「全像計算」（holographic computing）體現了下一代的互動技術，改變了人類利用語音、手勢、軀體運動或眼球運動和電腦進行互動的方式。雖然其應用範圍是沒有止境的，我們還是舉出一些實際的例子：

- **教育**：涵蓋所有學習和培訓的環境（例如課堂、現場培訓／模擬），實現協作的、身臨其境的、隨時隨地的知識體驗。
- **遠距專家**：從專科醫療保健、現場服務技術人員到諮詢或專業服務的分散式專業知識。
- **娛樂**：遊戲參與、身歷其境的 3D 立體電影體驗。

　　將這些技術從實體環境擴展到行動環境（例如早期的谷歌眼鏡產品）時將會帶來操作、技術、社交以及隱私方面的挑戰。不過這些問題並非不可克服。

環境

能源獲取、儲存和輸送

　　能源產業正在進入另一場產業革命，進步主要出現在乾淨能源、能源儲存和配送的技術上以及將其納入商業營運的全球動力上。除了降低能源成本的經濟效益外，大多數國家都認識到相關的環境效益，並且著手制定政策以便

支持其向消費者和產業市場的拓展。

　　我們依賴化石燃料以供應動力，這種情況預計將造成一個重要的全球問題，而且隨著世界人口的增加以及這些人口高度集中所造成的能源基礎設施不足，這問題將更形嚴重。2016 年全球對可再生能源技術的投資大幅攀升至2,260 億美元，[116] 可再生能源首度占到新能源產量的 50%。

　　對儲能研究的投資在消費者和商業發展這兩方面持續進行。智慧能源消耗透過以下方式降低消費者市場的能源成本，如在高峰需求時間放電、將能源消耗從一個時間點轉移到另一個時間點、避免尖峰能源價格（peak energy pricing）。在商業市場中，除了消費者市場中提到的那些，智慧能源還提供備用電源以避免停電。

　　2017 年，南澳大利亞州政府鑒於停電狀況影響當年的消費者和企業，於是投資研發了世界上第一個（也是最大的）特斯拉 100 瓦鋰離子電池。總理傑伊・韋瑟爾（Jay Weatherill）說：「這個項目將包括在〔國家〕為研發可再生能源替代品保留的 1 億 5,000 萬澳元的預算內。」[117]

地理工程

　　地理工程是一種大規模干預和操控環境的過程，這種過程會影響地球的自然氣候系統，以便應付全球暖化的影響。其技術包括太陽輻射管理、二氧化碳去除以及平流層硫酸鹽懸浮微粒地理工程（stratospheric sulphate aerosols geoengineering）。科學家們認為，這些領域的研究充滿影響深遠的後果，因此仍然非常不成熟。因為這領域相對較新，所以能獲得的研究經費比較有限。地理工程也可以被視為與人類殖民其他星球的嘗試有關。

太空科技

太空科技的開發目的在於太空探索，其中包括太空船、衛星、太空站、支持設備以及基礎設施。例如太空探索技術公司（SpaceX）等的商業開發大大降低了發射成本。其他發展包括研發使飛機能夠在沒有降落跑道和設施的情況下在地球低軌道上飛行的技術。維珍集團的理查德·布蘭森（Richard Branson）也一直在關注太空旅遊。隨著進入太空的方式變得較為方便，將會出現新產業來支持這一快速發展的生態系統。計算技術、機器人、人工智慧和可再生能源等領域的進步將在提高太空技術的經濟面上發揮重要作用。

衛星在為通訊服務提供全球連接、提供定位服務、監測地球氣候和監視方面發揮了寶貴的作用。今天許多人認為理所當然的服務，其當初的障礙都是靠衛星來降低的。

今天，已有 70 多個國家發射衛星到地球軌道上。目前估計有 1,740 顆衛星在軌道運行，大約有 2,600 顆退役的衛星漂浮在太空中，而未來 10 年還將發射大約 12,000 顆新衛星。[118] 雖然這些太空技術已經發展成為一個非常重要的產

業，但是若要擴展到其他的太空發展領域則仍然存在許多難題。例如，隨著更多衛星繞地球運行就必須考慮如何減少壅塞，而殘片的處理和共享光譜頻率的技術也很重要。公共和私人的合作伙伴關係現在正在太空技術的許多新面向展開創新工作，並將對其持續發展至關重要。

　　總之，第四次工業革命將影響每個國家、經濟和社會。我們對健康、教育、生活方式的改善以及新企業與新行業的出現抱有很多期望。由於科技革命的重大進步，以及我們社會想解決過去的問題以及探索未開發境地的意願，這場革命的速度和規模將和以前的不同。我們還有很多工作要做，必須透過公私部門的集體領導共同開展工作，使全人類受益。

　　世界經濟論壇稱此為「系統領導力」。這種領導力被描述為培養共同的變革願景、與全球社會的所有利益相關者合作，並且實現系統效益。系統領導力不是針對政府或企業的領導者而已，而是賦予所有公民和組織投資、創新和實現價值的能力之典範。

　　關於科技如何影響我們的生活並且如何重塑我們的經濟、社會、文化和人文環境，我們必須制定全球共享的完整觀點。史上從未有過更美的前景或是更大的危險。

　　　　——克勞斯・施瓦布｜世界經濟論壇創始人兼執行主席

本章摘要

- 國家和企業組織尚未充分利用第三次工業革命，至於第四次工業革命，在社會影響、策略、人才和科技等領域的準備工作上都還做得不夠充分。

- 一方面，高階管理人員絕大多數（87%）認為私營部門將對這場革命如何影響社會這一事上發揮最大的影響力，然而他們對自己的企業組織的態度卻沒有反映出同樣的樂觀情緒（24%）。

- 在勞動力方面，86% 的高階管理人士表示他們正在盡一切努力為這次革命創造更好的勞動力，但是只有不到四分之一的人對自己能擁有合適的勞動力結構和技能非常有信心。

- 雖然這場革命建立在數位革命的基礎之上，但在速度、影響力和規模方面，它都將與其他的革命不同。那將是一個「網路－實體」系統，其特點是融合了實體、數位和生物世界的新技術，預計將影響全球所有的學科、經濟和產業。

- 預計這場革命還將見證人工智慧、機器人技術、物聯網、自動駕駛汽車、區塊鏈、3D 列印、量子計算以及奈米技術等新興的突破性技術。

- 這些新興技術雖然引發振奮，但伴隨而來的是一些非常重要的、需要監控和解決之道德、社會和法律的問題。

結論

　　青年震盪已經來了——應該說是再度降臨。1960 年代中期和現在的相似之處在於，這兩代人在全球範圍內開展文化、社會和政治影響力的速度都如此快。不同的是，我們發現今天人口變化、信任危機以及新興科技遠景的綜合影響力將以迅雷不及掩耳的速度來到，因此我們的適應能力也必須跟得上這一速度。

　　千禧世代對文化、政治和社會變革自有新的詮釋。他們透過不同視角觀察世界的這一可觀能力及其對未來的獨特願景都是整個社會最恆久之優點中的一項。

　　千禧世代在天涯若比鄰的氛圍中長大。他們不受地理限制，但「不穩定」卻也是他們的一大特徵，這導致他們普遍產生一種不信任感。我們已經看到，當他們用民主力量支持政治團體之後會發生什麼事。我們已經見識到，當他們用經濟實力投入具有社會和環境意識的品牌時會發生什麼事。我們也已經注意到，當他們那基於消費的偏好轉向基於訂閱的偏好時，以及當此一情況威脅到依然視所有權為根底的傳統模式時，情況又會怎樣。此外，我們更已經目睹到，當他們以沉默顛覆自己已然失去信心的企業組織和機構時將是什麼局面。

　　利用千禧世代在人口中的重要比例將使國家重享促成

經濟增長的人口紅利。然而，今天領導者面臨的挑戰是設定一個可以釋放這一代人潛力的行動方針。

千禧世代的聲音需要被聽到，我們需要了解，他們的觀點並不在於犧牲其他人口群體的利益。他們非常了解社會所有成員所面臨的挑戰，特別是在多樣性和永續性上面。然而，他們與其他幾代人不同，因為賦能是其養分，而且他們有足夠的這種養分。

今天，信任處於危機之中，而且我們根本無法用舊日的邏輯來解決它。儘管現存的信任模式有其缺陷，不過我們可以對其進行調整和更動以便它適用於我們的數位社會。信任是我們科技發展中最重要的可再生能源。

我們信任人、理念和平台的條件——即信任的三位一體——原本基於階級的垂直模式、集中在制度手中，但我們對其制度失去了信仰，因此這種模式發生了改變，轉移到基於民主化的橫向模式，並以即時速度與對稱影響在全球範圍內的社群之間分布信任。

技術和機器也建立在信任和信譽的基礎上，特別是在如今這個機器人、自動駕駛車輛、監控設備、感測器以及正在開發和使用之物品鋪天蓋地而來的時候。互連的、分散式的信任將融合實體的、數位和生物的世界，需要人與技術間關係典範的轉移。這是第四次工業革命與過去工業革命不同的另一個原因。信任的飛躍式增進對於開創第四次工業革命的視野和機遇至關重要，它將釋放千禧世代的

人力資本，且有利於世界的創造、革新以及風險承擔。

勞動力市場的歷史表明，人力資本在過去三次工業革命中如何發揮了適應性。在我們進入下一次革命時，我們的首要任務必須是確保所需之新技能的平衡，以及確保現有技能的再次平衡。然而，下一次革命在速度、規模和影響上（特別是在以知識為基礎的部門中）都需要一定程度的適應性和靈活性，而這只有藉由政府、教育機構和企業組織之間更多的合作方能實現。

它需要解決我們這時代單一的、最重要的人力資本問題，也就是多樣性的問題。證據表明，全球三分之一的公司在董事會或高階管理的職位上都沒有女性（企業組織中如果領導階層女性占比為 30% 時，最多可以增加 6% 的淨利潤），那麼我們如何還能聲稱自己已經將第三次工業革命所提供的一切加以最大化了？到了 2025 年，性別多樣性有可能增加 12 兆至 28 兆美元的效益（或占全球國內生產毛額的 11% 至 26%）。我們已經看到，千禧世代在資產類別中做出具有社會意識的投資選擇。他們根據企業組織多樣性的表現來做出投資選擇，這是時間遲早的問題罷了。為什麼？因為企業組織越多樣化，它的效益就越好。事情便是那麼簡單。

千禧世代現在占許多國家所有勞動力的一半，而這只會隨著時間的推移而增加。這群人口根本不會容忍那些無法反映他們所期望之平等標準的職場。他們對商業的信心

有所下降，而對職場更大的靈活度與積極的工作文化之渴望卻增加了。但是最令人不安的是，他們對工作性質的變化感到毫無準備。造成這種情況的根本原因來自於優先事項不匹配，以及千禧世代壓倒性地認為企業成功的標準應該超出收益績效。千禧世代認為，企業組織應該優先考慮如何對社會產生積極的影響，同時開發創新產品、服務、工作機會、職涯發展並且改善世人的生活。

目的性、包容性和多樣性對於千禧世代而言至關重要，不僅是因為價值觀的一致性，還因為他們看到自己在生活中所做的事是與他們的自我認同交融在一起的。為了追求這一目標，他們非常願意將眼光投向國外。在這群人口中，人力資本的競爭不再是國內問題，而是全球問題。

長壽是另一個需要考慮的問題。自 1840 年以來，預期壽命每 10 年便穩步增加 2 歲。如今 20 歲的千禧世代有 50% 的機會可以活到 100 歲或者更長。時間這種最稀缺的資源現在對千禧世代來說比任何其他一代人都更豐沛，因此我們需要考慮長壽未來將如何影響社會、經濟、企業以及產業。

教育、就業和退休的三階段模式已經過時，因為它根本不適用於千禧世代較長的壽命或是接下來幾世代人的生活。「成長」一詞更適合用來形容千禧世代分配這些剩餘時間的方式，亦即從以年齡劃分生命階段的方式轉移到不以年齡劃分生命階段的方式。後面這種方式需要在改變自

己的身分上面投資以便承擔新的角色、營造不同的生活方式或是發展新技能。對於預期壽命可達百歲的千禧世代而言，創造性的成功需要被重新設計過，以便藉由自我實現將模式轉變為個人成就。

如今，那些投資數位化轉型並正在應用數位技術和策略的企業組織，與那些仍在以傳統方式競爭的企業組織之間出現了績效差距。如果沒有數位化，預計三分之一的收入將在未來 3 年內面臨虧損或被蠶食的風險，但那些採用數位化並擁有重要市場占有率的企業組織對數位化落後者的威脅同樣很大。

產業層面數位化的集中導致利潤和收入下降。數位化領導者和創新者都展現出共同的特徵，例如以轉型方式創新商業模式以及擴大尖端科技和技術的規模。他們在整個企業組織或業務部門內大量應用設計的思維。與傳統公司相比，他們以果斷的態度投資，而且投資金額是對方的三倍，同時他們也將目標放在長遠。他們將世界視為彼此連結的生態系統。妨礙企業組織改造的原因是它們那一切照舊的傳統模式，及顛覆性的轉型模式之間，兩者的速度與規模之間存在者經濟、策略和營運方面等無法調和的差異。

現在，企業組織已經出現了利用基於平台、數據密集和輕資本的強大模式。這些模式使用指數技術進行設計，可以擴大指數效益。顛覆性的企業組織會重新建構價值鏈，將曾經是實體性質的東西去物質化為數位的、隨選的世界，

拆解低效率和昂貴的程序，將它們分離成無摩擦的組成部分，並且以排除非增值中間人的辦法進行去中介化。它們現在對許多企業組織和傳統產業結構都構成了生存威脅。

　　隨著產業、產品和服務資訊化的速度加快，對於傳統的、基於線性模式的組織企業而言，此刻正是最關鍵的時候，考慮自己在經濟和人力資本上的投資以便在指數世界中進行轉型和競爭。技術的去物質化、去貨幣化和民主化將把過去只保留給大公司之強有力的工具交在個人手中。但是，儘管歐洲和北美有 52% 的大型上市公司在 2016 年宣布轉型（自 2006 年以來增長了 42%），不過結果卻未如預期。

　　如果考慮轉型公司相較於其各自產業之股東總回報（TSR）的增長，只有 24% 在短期（1 年）和長期（5 年以上）的兩方面都經歷了更高的 TSG 增長。

　　數據現在已成為我們生活以及管理業務、經濟和政府的數位生命線。對於處於這個轉型時代的組織企業而言，數據已經成為允許它們以分析方式進行競爭的資源。使用數據的最重要的新興技術之一是人工智慧，它可以藉由提高生產力和個性化來促成國內生產毛額 15 兆 7,000 億美元的增長。人工智慧的最大經濟進步將來自中國（到了 2030 年，其國內生產毛額將增長 26%）和北美（增長 14.5%），相當於 10 兆 7,000 億美元。這些國家正處於人工智慧的競賽中。

第四次工業革命將是一個以融合實體、數位和生物世界新技術為特徵的網路—實體系統，預計將影響全球所有學科、經濟和產業。此次革命還有望見證人工智慧、機器人技術、物聯網、自動駕駛汽車、區塊鏈、3D 列印、量子計算以及奈米技術等領域的新興突破技術。

這些技術的突破令我們感到樂觀，我們有很多可以期待的東西，例如健康、教育、生活方式的改善以及新企業和新產業的出現。由於技術革命將帶來重大的進步，由於社會有意願解決過去尚未解決的問題以及開發過去尚未探索的領域，這次革命的速度、規模和影響將和前幾次的不同。

世界經濟論壇呼籲藉由培養共同的變革願景、與全球社會的所有利益相關者合作以及透過我們想像力和人力資本的卓越來獲得系統效益，從而實現系統領導。

我們不要忘記，無論是第一次工業革命的蒸汽機、第二次工業革命的電信，還是第三次工業革命的電腦或智慧手機，每一項發明或創新都是在某人的腦海中開始的。我們今天所認識的世界是作為我們想像力的延伸而設計和建構的，所以讓我們開始想像第四次工業革命吧。

我希望這本書能夠幫助讀者實現成長。我的心中充滿了喜悅，因為在我的一生中，我將親眼目睹千禧世代所領導的世界。我的孩子將在千禧世代領導的世界中成長，將實現第四次工業革命帶來的進步，這點我也十分感激。我

也希望這本書給讀者帶來幸福和希望，就像它為我帶來幸福和希望那樣。

　　我曾在本書的開端引用了約翰·甘迺迪的一段話，談到任何國家的未來遠景都可以透過其青年的當前狀況來直接衡量。這裡我同樣用他的另一句精彩的名言為這本書畫下句點。我希望它能夠讓讀者思考變化的可能性，同時也思考它在讀者適應生活上扮演什麼樣的角色，一如它對我發揮的作用那樣。

變化是生活的法則，那些只關注過去或現在的人肯定會錯過未來。

——約翰·甘迺迪｜第 35 任美國總統

注釋

1. Based on US Census Bureau data, January 2018.

2. Gratton, L and Scott A., *The 100-Year Life: Living and Working in an Age of Longevity* (Bloomsbury, 2016).

3. World Economic Forum (January 2017), 'These are the most fragile cities in the world—and this is what we've learned from them'.

4. United Nations (2014), 'World Urbanisation Prospects 2014'.

5. McAfee, A, Brynjolfsson, E, *Machine, Platform, Crowd: Harnessing Our Digital Future*; New York (Norton & Company, 2017).

6. IDC, Intel, United Nations, 'A Guide to the Internet of things Infographic' www.intel. com (accessed 19 February 2018).

7. Defined as an economy where intuitive and creative thinking create economic value, after logical and rational thinking has been outsourced to other economies.

8. World Economic Forum, (2016), 'The fourth Industrial Revolution: what it means, how to respond'.

9. Oxford Dictionary (2017), 'Word of the Year 2017 is⋯.'.

10. *Vanity Fair* (2017), 'How a 52-Year-Old Word Invented by a Vogue Editor Became 2017's Word of the Year'.

11. McKenzie, Scott (1967), 'San Francisco (Be Sure to Wear Flowers in Your Hair)'. Writers: John Edmund, Andrew Phillips; Publishers Universal Music Group 1967.

12. OECD, Education Attainment – Population with Tertiary Education – OECD Data

13. Bank of America Merrill Lynch (July 2015), 'Thematic Investing Generation Next – Millennials Primer'.

14. Schwab, Klaus. *The Fourth Industrial Revolution* (Crown Publishing Group, 2016).

15. Pricewaterhouse Coopers and CB Insights (2017), '2017 Money Tree Report'.

16. BBC News Magazine, (24 June 2016), 'Brexit: How much of a generation gap is there?'.

17. United Nations, (2015), 'World Population Aging'.

18. Bank of America Merrill Lynch (July 2015), 'Thematic Investing Generation Next— Millennials Primer'.

19. AT Kearney (July 2016), 'Where are the Global Millennials'.

20. United Nations, (2015), 'World Population Aging'.

21. World Economic Forum (2017), 'Global Shapers Annual Survey 2017' '#ShapersSurvey'.

22. Bank of America Merrill Lynch (December 2016), 'Theme Watch. YA 2017: Year of Tech Disruption, Earth & Millennials Themes'.

23. Accenture (6 September 2016), 'Retailers and Consumer Packaged Goods Companies Must Enhance Their Understanding of Millennial Consumers to Capture Share of $6 Trillion Wallet in Asia'.

24. Boston Consulting Group (2016), 'Global Wealth Market Sizing Database, 2016 – BCG Analysis'.

25. CB Insights (November 2017), 'Acorns Teardown: The most popular Robo-Advisor faces a fierce fight as it goes "upmarket"'

26. CB Insights (March 2018), 'Millennials are Driving one of the Biggest Trends in Wealth Tech'.

27. Yale University (May 2017), 'Student Debt Rising Worldwide'.

28. *Sydney Morning Herald* (February 2016), 'Young people saddled by a higher degree of debt.'

29. Federal Reserve Bank (2015), 'Report on the Economic Well-Being of US Households in 2015.

30. Digital Marketing Business (2017), 'Chinese Millennials on their mobiles'.

31. Pew Research Centre, (2017) '10 demographic trends shaping the US and the world in 2017'.

32. Neilson (2016), 'Millennials are top smartphone uses'.

33. The Financial Brand (2017), 'The rise of the digital only banking customer'.

34. Business Insider (July 2017), 'This chart reveals a huge difference in how US Millennials and their parents spend money'.

35. Experian (January 2017), 'State of Credit: 2017'.

36. TSYS (2016), 'Addressing Generational Shifts Among Cardholders'.

37. UBS (June 2017). 'Millennials—the global guardians of Capital', UBS Chief Investment Office Wealth Management white paper.

38. Deloitte (2017), 'Millennials and wealth management. Trends and challenges of the new clientele'.

39. Governance Studies at Brookings Report (2014), 'How Millennials Could Upend Wall Street and Corporate America'.

40. Deloitte (2018), 'The 2018 Deloitte Millennial Survey'.

41. Deloitte (2017), 'The 2017 Deloitte Millennial Survey'.

42. World Economic Forum (2017), 'The Global Human Capital Report 2017—Preparing people for the future of work'.

43. Korn Ferry Institute (2016), 'The trillion-dollar difference'.

44. Finextra (2015), 'Gates makes mobile banking bet'.

45. GSMA (2017), 'Mobile Economy 2017'.

46. Hootsuite (January 2018), 'Digital Around the World in 2018'.

47. Brookings (November 2016), 'The Internet as a human right'.

48. McCrindle, Mark and Wolfinger, Emily, *The ABC of XYZ: Understanding the Global Generations* (University of New South Wales Press, 2009).

49. App Annie (2017), 'The App Economy Forecast: $6 Trillion in New Value'.

50. GSMA (February 2018), 'Consumer Insights: Understanding mobile Engagement'.

51. Ericsson (November 2017), 'Millennials Expectations for 5G'.

52. Ericsson and Vodafone (2016), 'Content in the Blink of an Eye,' Using neuroscience to understand the impact of varying network performance on smartphone users.

53. Hootsuite (January 2018), 'Digital Around the World in 2018'.

54. Botsman, R. *Who Can You Trust? How Technology Brought Us Together and Why It Might Drive Us Apart* (Public Affairs New York, 2017).

55. Edelman (2017), '2017 Edelman Trust Barometer'.

56. The Trust-building Attributes include integrity, engagement, products, purpose and operations. Additional Dimensions that Inform Business Trust include employee empowerment, diversity, citizenship, leadership and relationship building.

57. Gemalto (2017), 'Poor Internal Security Practices Take a Toll, Findings from the first half 2017 Breach Level Index'.

58. Bloomberg (2016), Kaplan, J. 'The Inventor of Customer Satisfaction Surveys is Sick of Them'.

59. Botsman, R. *Who Can You Trust? How Technology Brought Us Together and Why It Might Drive Us Apart* (Public Affairs New York, 2017).

60. CISCO (2016), 'The next generation of the Internet is coming with Blockchain'

61. Stiglitz, J. (2013), 'In No One We Trust'.

62. McKinsey & Company (November 2017), 'What the future of work will mean for jobs, skills and wages'.

63. GTCI (2018), 'Talent diversity to fuel the future of work'.

64. McKinsey Global Institute (2015), 'The Power of Parity: How advancing women's

equality can add $12 trillion to global growth'.

65. The Peterson Institute for International Economics & EY (2016), 'Is Gender Diversity Profitable? Evidence from a Global Study'.

66. Australian Government (November 2017), 'Australia's gender equality scorecard 2016–17'.

67. Deloitte (2017), 'Diversity and Inclusion: The reality gap'.

68. Garr, A. and Mallon, 'High impact talent management'.

69. Perkins, M. (2016), *The Age*, 'Victorian Government trials blind job applications to overcome hiring bias'.

70. ABC News' The Business Presenter (March 2018), 'Energy Australia closes gender pay gap overnight, literally'.

71. Deloitte (2015), 'The Radical transformation of Diversity and Inclusion—The Millennial Influence'.

72. Resolution Foundation (February 2018), 'Intergenerational Commission Report; Cross Countries, International comparisons of intergenerational trends'.

73. Deaton, A. *The Great Escape: Health, Wealth and the Origins of Inequality* (Princeton University Press, 2013).

74. Gratton, L & Scott, A. *The 100 Year Life: Living and Working in an Age of Longevity* (2017).

75. Stanford Centre on Longevity, (2017), 'Shifting Life Milestones across Ages: a Matter of Preference or Circumstance?'.

76. Foster, R. Yale University; Babson Olin Graduate School of Business, 2011.

77. OECD (November 2017) 'Health at a Glance—OECD Indicators'.

78. Productivity Commission and Melbourne Institute of Applied Economic and Social Research 1999, 'Policy Implications of the Ageing of Australia's Population' Conference Proceedings, AusInfo, Canberra.

79. OECD (2013), 'Trends Shaping Education – Spotlight 1: Aging Societies'.

80. https://www.youtube.com/watch?v=dgf0OUsQJuA&sns=em.

81. *The Independent* (March 2018), 'More than half of Millennials going through 'quarterlife' crisis, research finds'.

82. Business Insider Australia (March 2018), 'Australia's millennials are having a "quarter life crisis" as they worry about being successful'.

83. Wolverson, R. (2013), 'The Best Age for a Start-Up Founder', Time Magazine.

84. McKinsey & Company (October 2016), 'Independent Work: Choice, Necessity, and the Gig Economy'.

85. McKinsey & Company (October 2017), 'How digital reinventors are pulling away from the pack'.

86. McKinsey & Company (January 2018), 'Why digital strategies fail'.

87. BCG (January 2018), 'The CFO's Vital Role in Corporate Transformation'.

88. Ismal, S., Malone, M. and Geest, Y. *Exponential Organisations* (Diversion Books, 2014).

89. Statista (2018), 'Digital Economy Compass'.

90. Kurswell, R. (2006) 'The Singularity is Near' (Penguin Publishing).

91. Visual Capitalist, (December 2017), 'The 57 Start-ups That Became Unicorns in 2017'.

92. http://f100.exponentialorgs.com/ Accessed on 27 January 2018.

93. Information Age (February 2017), 'Digital disruption will wipe out 40 per cent of Fortune 500 firms in next 10 years, say c-suite execs'.

94. CB Insights (November 2017), 'On Earnings Calls, Which Tech Company Are Senior Execs Most Obsessed With? Hint: It's No Longer Google' https://app.cbinsights.com/research/amazon-apple-google-earnings-call-transcripts/.

95. McKinsey & Company (December 2017), 'Digital China: Powering the Economy to Global Competitiveness'.

96. Market Realist (January 2018), 'Why Mobile Payments Have dethroned Cash as King in China'.

97. New York Times (July 20, 2017), 'Beijing Wants A.I. to be Made in China by 2030'

98. Davenport, H and Harris, J, (2007), *Competing on analytics—The New Science of Winning* (Harvard Business School Press).

99. IDC (April 2017), 'Data Age 2025: The Evolution of Data to Life-Critical'.

100. Deloitte (February 2017), 'Dark analytics: Illuminating opportunities hidden within unstructured data'.

101. Accenture Analytic (2016), 'The 5As of Analytics Transformation: Embedding analytics DNA into business decision making'.

102. *Sydney Morning Herald* (January 18, 2018), 'Drone used to save two swimmers caught in rough surf at Lennox Head'.

103. PWC (2017), 'Sizing the prize—what's the real value of AI for your business and how can you capitalise?'.

104. McKinsey & Company, (April 2018), 'Notes from the AI frontier: Applications and value of deep learning'.

105. KPMG International (July 2017), 'Guardians of trust—who is responsible for trusted

analytics in the digital age?'.

106. Deloitte Global and Forbes Insights (January 2018), 'The Fourth Industrial Revolution is here—are you ready?'.

107. Schwab, K. and David, N. World Economic Forum (2018), *Shaping the Fourth Industrial Revolution*.

108. IBM, 'Quantum computing applications', IBM Q–US www.research.ibm.com accessed on 15 February 2018.

109. McKinsey & Company (January 2017), 'Blockchain Technology in the Insurance Sector'.

110. Statista, 'Size of the Internet of Things worldwide in 2014 and 2020, by industry (in billion U.S. dollars)'.

111. GrowthEnabler (2017), 'Market Pulse Report, Internet of Things'.

112. World Economic Forum and Accenture (2016), 'The Internet of Things and connected devices: making the world smarter' (Geneva: World Economic Forum).

113. McKinsey Global Institute (2015), 'Internet of Things: Mapping the Value Beyond the Hype'.

114. ABC News (April 2015), '3D printing will have a bigger economic impact than the internet, technology specialists say'.

115. McKinsey & Company (September 2017), 'Additive manufacturing: A long-term game changer for manufacturers'.

116. Frankfurt School of Finance & Management (2017), 'Global Trends in Renewable Energy Investment'.

117. Amp.com.au (July 2017), 'Everything you need to know about Tesla's battery in South Australia'.

118. *Business Insider* (2018), 'Elon Musk is about to launch the first of 11,925 proposed SpaceX internet satellites—more than all spacecraft that orbit the earth today'.

新世代影響力：年輕人如何成為引領未來趨勢、改變社會運作的力量？／洛基‧史考佩利提 (Rocky Scopelliti) 著；翁尚均譯 . -- 初版 . -- 臺北市：時報文化，2020.10 ｜ 240 面；14.8×21 公分 . -- （next；273）｜ 譯自：Youthquake 4.0: a whole generation and the new industrial Revolution. ｜ ISBN 978-957-13-8378-1（平裝）｜ 1. 資訊社會 2. 社會發展 ｜ 541.415 ｜ 109013853

ISBN 978-957-13-8378-1

Printed in Taiwan

next 273

新世代影響力：年輕人如何成為引領未來趨勢、改變社會運作的力量？

Youthquake 4.0: A Whole Generation and The New Industrial Revolution.

作者 洛基‧史考佩利提（Rocky Scopelliti）｜**譯者** 翁尚均｜**副主編** 黃筱涵｜**編輯** 李雅蓁｜**協力編輯** 林鳳儀、簡淑媛｜**封面設計** 陳恩安｜**內頁排版** 林鳳鳳｜**企劃經理** 何靜婷｜**第二編輯部總監** 蘇清霖｜**董事長** 趙政岷｜**出版者** 時報文化出版企業股份有限公司 108019 台北市和平西路三段 240 號 4 樓 **發行專線**—(02)2306-6842 **讀者服務專線**—0800-231-705‧(02)2304-7103 **讀者服務傳真**—(02)2304-6858 **郵撥**—19344724 時報文化出版公司 **信箱**—10899 台北華江橋郵局第 99 信箱 **時報悅讀網**—http://www. readingtimes.com.tw｜**法律顧問** 理律法律事務所 陳長文律師、李念祖律師｜**印刷** 絃億印刷有限公司｜**初版一刷** 2020 年 10 月 8 日｜**定價** 新台幣 380 元｜**版權所有 翻印必究**（缺頁或破損的書，請寄回更換）

時報文化出版公司成立於一九七五年，並於一九九九年股票上櫃公開發行，於二○○八年脫離中時集團非屬旺中，以「尊重智慧與創意的文化事業」為信念。